DÉCOUVERTE
DE
L'AMÉRIQUE
PAR
LES NORMANDS
AU Xᵉ SIÈCLE,

Par Gabriel GRAVIER

Membre de la Société des Antiquaires de Normandie

© 2024, Gabriel Gravier (domaine public)
Édition : BoD · Books on Demand, 31 avenue Saint-Rémy,
57600 Forbach, bod@bod.fr
Impression : Libri Plureos GmbH, Friedensallee 273,
22763 Hamburg (Allemagne)
ISBN : 978-2-3225-5601-4
Dépôt légal : Février 2025

DÉCOUVERTE
DE
L'AMÉRIQUE
PAR
LES NORMANDS
AU Xe SIÈCLE,

Par Gabriel GRAVIER 1827-1904

Membre de la Société des Antiquaires de Normandie,
des Sociétés de l'Histoire de France et de l'Histoire de Normandie,
Secrétaire de la Société Rouennaise de Bibliophiles.

PARIS	ROUEN
MAISONNEUVE & C{e},	ESPÉRANCE CAGNIARD,
Libraires-Éditeurs,	Imprimeur-Libraire,
15, Quai Voltaire, 15.	Rue Jeanne-Darc, 88.

M.DCCC.LXXIIII.

TABLE DES MATIÈRES.

Dédicace

Préface

PREMIERE PARTIE. — ROUTE DE L'AMERIQUE.

Chap. I. — Coup d'œil sur le génie maritime des Normands. — Caractère. — Constructions navales. — Vie et funérailles du Roi de mer. — La Piraterie. — Les Vierges du Bouclier. — Les Normands sont prédestinés à jouer un grand rôle dans la découverte du monde.

CHAP. II. — PREMIÈRES EXCURSIONS DES NORMANDS — Les Normands commencent à s'éloigner des côtes. — Les pirates chantent leurs exploits. — Harald Haarfager conquiert la Norvége. — Harcelé par les pirates réfugiés aux Orcades, il conquiert ces îles et interdit la piraterie. — Les Peti et les Papæ. — Les moines irlandais ; leurs découvertes. — Les Normands aux Feroë.

CHAP. III. — DÉCOUVERTE DE L'ISLANDE. — Naddod aborde en Islande et lui donne le nom de *Terre de Neige*. — Les Irlandais. — Preuve de leur séjour en Islande. — Gardar fait le tour de l'Islande et lui donne son nom. — Floki-Rafna vient en Islande pour y fonder une colonie. — Le froid et l'aspect du pays lui font abandonner son projet. — Il lui donne le nom de *Terre de Glace*. — Dans les pays scandinaves, cette île passe pour fertile et agréable. — Ingolf, forcé de quitter la Norvége, fait rechercher l'Islande et s'y rend avec Hjorleif. — Mort de Hjorleif. — Ingolf transporte sa demeure du sud-est au sud-ouest. — Son tombeau et ruines de la maison d'un de ses fils. — Émigration des Norvégiens après la bataille d'Hafurjord. — Toute l'Islande est colonisée. — C'est dans cette île que sont rédigées et conservées les traditions scandinaves.

CHAP. IV. — DÉCOUVERTE DU GROENLAND. — Gunnbjorn découvre les côtes orientales du Groenland. — Légende d'Hollur Geit. — Légende rapportée par Adam de Brême.

— Erik le Rouge retrouve la terre vue par Gunnbjorn. — Repoussé par la rigueur du climat, il descend au sud et s'établit à l'occident. — Construction de Brattahlida. — Aspect de la contrée. — Retour en Islande. — Il donne au pays le nom de *Terre verte*. — Une colonie républicaine est fondée sur la côte occidentale du Groenland.

<u>Chap. V.</u> — Bjarn Heriulfson. — Il vient en Islande pour passer l'hiver avec son père. En apprenant que celui-ci est en Groenland, il part à sa recherche. — Dangers de la navigation dans l'Océan boréal. — Catastrophe de la *Lilloise*. — Bjarn, emporté par les vents et les courants, découvre les côtes de l'Amérique. — Il remonte au nord en suivant les côtes et trouve la résidence de son père.

<u>DEUXIÈME PARTIE. — LES ENFANTS D'ERIK LE ROUGE.</u>

<u>Chap. I.</u> — Leif le Fortuné. — Leif à la cour d'Olaf Tryggvason. — Il se fait baptiser et revient en Groenland avec un prêtre norvégien. — Il achète le navire de Bjarn. — Erik ne peut l'accompagner. — Découverte du Helluland, du Markland, du Vinland. — Leifsbudir. — Prise de possession. — Excursions. — Un Allemand trouve du raisin. — La nouvelle contrée est nommée Vinland. — Retour. — Sauvetage de Thorer et de Gudrida. — Introduction du christianisme en Groenland.

<u>Chap. II.</u> — Expédition de Thorvald. — Sur les instances de Leif, Thorvald se rend en Vinland. — Son séjour à

Leifsbudir. — Explorations au sud. — Explorations au nord. — Il est jeté à la côte et donne au cap Cod le nom de Kjalarnes. — Il prend terre dans la baie de Boston. — Première rencontre avec les Esquimaux. — Thovald, blessé mortellement, veut être inhumé sur un promontoire qu'il appelle Krossanes. — Découverte d'un tombeau scandinave dans l'île de Rainsford.

C<small>HAP</small>. III. — T<small>ENTATIVE DE</small> T<small>HORSTEIN</small>. — Thorstein épouse Gudrida. — Met à la voile pour aller chercher les cendres de son frère. — Est poussé par les vents dans les régions polaires. — Svart lui donne l'hospitalité. — Épidémie dans la colonie de Lysufjord. — Mort de Thorstein. — Ses prédictions. — Gudrida est ramenée par Svart en Eriksfjord. — Thorfinn Karlsefn arrive en Groenland.

TROISIÈME PARTIE. — THORFINN KARLSEFN ET GUDRIDA.

C<small>HAP</small>. I. — L<small>E</small> S<small>TRAUMFJORD</small>. — Karlsefn passe l'hiver à Brattahlida. — Il épouse Gudrida. — Il part avec 160 hommes pour coloniser le Vinland. — Il touche au Helluland, au Markland, aux Furdustrandir et entre dans le Straumfjord. — Son séjour dans le Straumfjord. — Culture, explorations, disette, disparition de Thorhall. — Thorhall, retrouvé, regrette ses anciens dieux, chante ses déceptions, se sépare de Thorfinn. — Son chant de départ. — Il fait naufrage sur les côtes d'Irlande et meurt esclave. — Karlsefn part pour Leifsbudir.

Chap. II. — Thorfinnsbudir. — Arrivée à Mount-Hop. — Apparition des Skrellings. — Trafic avec les Skrellings. — Naissance de Snorre. — Combat avec les Skrellings. — Courageuse conduite de Freydisa. — Abandon de Thorfinnsbudir.

Chap. III. — Le Dington writing rock. — Son site et sa forme. — Opinion des antiquaires sur son inscription. — Rafn et Magnusen en reconnaissent le caractère. — Concordance des inscriptions du roc et de la Saga de Thorfinn. — Examen d'une partie de l'inscription non-expliquée par Magnusen. — Explication de la seconde partie phonétique. — Observation sur la grossièreté du dessin de l'inscription.

Chap. IV. — Retour en Straumfjord. — Excursions au sud et au nord. — Les Unipèdes. — Retour de Thorfinn en Groenland. — La Terre des hommes blancs. — Conduite généreuse de Bjarn Grimolfson. — Thorfinn en Norvège, puis en Islande. — Gudrida fait un pèlerinage à Rome. — Postérité de Thorfinn et de Gudrida.

Chap. V. — Freydisa. — Freydisa retourne en Vinland avec les frères Helge et Finnborge. — Ses fourberies. — Elle fait égorger les deux frères et leurs compagnons, et tue de sa main cinq femmes. — Retour à Eriksfjord. — Elle finit ses jours dans le mépris. — Antiquités et tombeaux de Fall-River.

Chap. VI. — Navire porté par la tempête des côtes du Markland à celles de l'Islande. — Récits d'Adam de Brême et d'Orderic Vital. — Chant Feroëde de Finn Pulcer.

QUATRIÈME PARTIE. — EXCURSIONS MÉRIDIONALES.

CHAP. I. — ARI MARSON. — Ari jeté sur les côtes de l'Hvitramannaland. — Devient chef de tribu.

CHAP. II. — BJORN ASBRANDSON BREIDVIKINGAKAPPI. — Amours de Bjorn et de Thurida. — Bjorn est exilé d'Islande et se réfugie chez les Vikingar. — Revient en Islande et cède encore à sa passion. — Sa rencontre avec le gode de Helgafell. — Il quitte de nouveau l'Islande et pour toujours. — Gudleif aborde dans un pays inconnu. — Il est sauvé par un vieillard que l'on croit être Bjorn.

CHAP. III. — HERVADOR. — Il passe un Hiver dans l'Hvitramannaland. — Combat contre les Skrellings. — Découverte, sur le Potomac, du tombeau de l'une de ses compagnes.

CHAP. IV. — MADOC AP OWEN. — Traditions irlandaises. — Voyage de Madoc.

CINQUIÈME PARTIE. — EXCURSIONS BORÉALES.

CHAP. I. — Les Normands étendent leurs établissements jusqu'à la baie de Disco. — Le scalde Helg. — Les

Normands dans l'île des Femmes, sous le 72°50' de latitude nord, en 1135.

CHAP. II. — Excursion de trois prêtres groenlandais dans le détroit de Barrow et le canal de Wellington.

CHAP. III. — Des prêtres islandais se réfugient à Terre-Neuve. — Expéditions de Landa-Rolf. — Épidémie. — Le géographe Ivar Bardson.

SIXIÈME PARTIE. — PRÉDICATIONS CHRÉTIENNES EN AMÉRIQUE.

CHAP. I. — ERIK-UPSI. — Jonus meurt en prêchant le christianisme en Amérique. — Erik-Upsi résigne l'évêché de Gardar pour rester en Amérique. — Ancien monument de Rhode-Island. — Le culte de la Croix en Gaspésie.

CHAP. II. — L'Amérique et le Groenland paient la dîme et le denier de Saint-Pierre.

SEPTIÈME PARTIE. — NOUVELLE DÉCOUVERTE DE L'AMÉRIQUE À LA FIN DU XIVe SIÈCLE.

CHAPITRE UNIQUE. — Famille Sinclair. — Son origine et son avènement au comté des Orcades. — Lutte de Henry Sinclair contre ses compétiteurs. — Arrivée de Nicolo Zeno en Frisland. — Conquête de Frisland. — Arrivée d'Antonio Zeno. — Excursions aux Shetland contre les pirates. —

Excursions en Islande et en Groenland. — Récit d'un vieux marin Frislandais sur ses voyages en Amérique. — Sinclair s'établit en Estotiland (Terre-Neuve ou Nouveau-Brunswick).

HUITIÈME PARTIE. — DÉCADENCE ET RUINE DES COLONIES NORMANDES DE L'AMÉRIQUE.

C<small>HAP.</small> I. — Causes de ruine. — Opinion de Humboldt sur l'existence d'un môle de glace autour du Groenland. — Réunion des colonies américaines à la couronne de Norvège. — La peste noire de 1347 à 1351. — Marguerite de Waldemar déclare les colonies domaine de la couronne.

C<small>HAP.</small> II. — L<small>ES</small> P<small>IRATES</small>. — Les *Victualie Brœdre* désolent les états scandinaves. — Sont vaincus et exilés. — Une partie de leur troupe établit son repaire dans le voisinage du Groenland. — Le Huitserk. — Pining et Pothorst. — Une nouvelle troupe de pirates sort des ports de l'Angleterre. — Jean de Danemark la chasse des mers du Nord et en prend une partie à sa solde pour détruire les corsaires du Groenland.

NEUVIÈME PARTIE. — PREUVES ARCHÉOLOGIQUES DU SÉJOUR DES NORMANDS EN AMÉRIQUE.

C<small>HAPITRE UNIQUE.</small> Retranchements et tumuli de l'Amérique du Nord et de l'Amérique-Centrale. — Tumuli danois et irlandais. — Camps retranchés de l'Irlande. — Ancienne ville normande du Brésil. — Traditions mexicaines. — Liste des évêques qui ont occupé le siége de Gardar de 1121 à 1535

C<small>ARTES</small> & I<small>MAGES</small>

À M. D'AVEZAC,

Membre de l'Académie des Inscriptions et Belles-Lettres
de l'Institut de France,
Président honoraire de la Commission centrale
de la Société de Géographie de Paris,
etc., etc., etc.

Témoignage de vive et respectueuse affection.

PRÉFACE.

Le 12 octobre 1492, Christophe Colomb crut, et tout le monde avec lui, que les Européens touchaient pour la première fois la terre américaine.

En réalité, l'acte du grand navigateur génois se réduisait à la prise de possession officielle de cette partie du monde.

Dans les populations indiennes du Mexique et de l'Amérique-Centrale, on trouve des types égyptiens et juifs d'une pureté parfaite, qui rappellent les belles statues égyptiennes du Musée du Louvre et le profil de Juda qui se voit encore dans les ruines de Karnak. Les voyageurs admirent, dans certains villages guatémaliens, des costumes arabes et juifs exactement semblables à ceux des tableaux d'Horace Vernet[1].

Les divinités mexicaines ont tous les attributs distinctifs de celles de l'Égypte, de la Grèce et de l'Asie-Mineure ; elles ont, de plus, des explications plausibles, ce qui n'est pas toujours le cas pour les divinités de l'ancien continent.

M. Brasseur de Bourbourg, qui connaît beaucoup le pays et les documents échappés au fanatisme des moines espagnols, est convaincu de l'identité et de la communauté d'origine des mythes religieux des deux mondes.

La mythologie mexicaine est plus complète, s'enchaîne mieux que celles de l'Europe, de l'Afrique et de l'Asie, et trouve son explication géologique et géographique dans les Livres Sacrés du pays. Aussi, sans attribuer positivement au Mexique l'invention des anciens mythes religieux de l'antiquité, M. Brasseur croit avoir le droit d'en revendiquer pour cette contrée une notion plus claire et surtout plus complète[2].

L'étude des langues mexico-guatémaliennes, latines et sanscrite donne également à M. Brasseur de Bourbourg les résultats les plus inattendus.

Non-seulement ces langues dériveraient les unes des autres, mais la priorité appartiendrait aux premières, qui emportent la plupart des racines latines inconnues aux

Aryas et même des racines sanscrites. « Si vous voulez vous donner la peine d'en faire l'examen, » dit notre auteur, « vous trouverez au moins la moitié des mots du dictionnaire de Noël dans le groupe des langues mexico-guatémaliennes : vous en trouverez l'origine et la nature et vous les décomposerez jusqu'au simple son d'une voyelle, ce que le scalpel de Bopp, tout-puissant qu'il soit, n'a jamais tenté pour aucune des langues qu'il avait soumises à son génie[3] ».

L'étude des majestueuses ruines de Mitla, Palenqué, Izamal, Chichen-Itza, Uxmal démontre également une grande similitude entre l'architecture antique du Mexique et celle de l'Asie septentrionale. Un point seulement reste incertain pour M. Viollet-Le-Duc : les rapports qu'il a constatés se sont-ils établis par le nord-est ou par le nord-ouest[4] ?

En résumé, l'anthropologie, la mythologie, la linguistique, l'archéologie prouvent tout au moins, mais péremptoirement, des liens de parenté et de longues relations entre les peuples anciennement établis sur les bords opposés du Pacifique.

Les relations entre l'occident de l'Amérique et l'orient de l'Asie étaient grandement facilitées par la chaîne des Aléoutiennes et les milliers d'îles que la nature a disposées, comme autant de stations intermédiaires, entre les deux continents.

Du côté de l'Europe, la rareté des îles est compensé par le peu de largeur du canal atlantique ; les Orcades, les Shetland, les Feroë, l'Islande, le Groenland ont d'ailleurs rendu les mêmes services que les Aléoutiennes.

Dès les temps pré-historiques, l'Europe commença, par cette dernière route, son mouvement d'émigration vers l'Amérique.

D'après le *Popol Vuh,* les diverses tribus de la nation Quichée se réunirent à *Tulan-Zuiva* (les Sept-Grottes, les Sept-Ravines) pour recevoir leurs dieux. Cette Tulan était à l'extrême nord, car les hommes n'en « pouvaient plus à cause du froid et de la gelée, tremblant (qu'ils étaient tous) et claquant des dents l'une contre l'autre, n'ayant plus de vie en eux, les pieds et les mains engourdis, au point qu'ils ne pouvaient plus rien tenir lorsqu'ils arrivèrent. »

Une tempête éteignit le feu qui faisait leur joie. Ils abandonnèrent enfin « les lieux où le soleil se lève… mais leurs cœurs gémirent, lorsqu'ils se mirent en chemin, après qu'ils se furent arrachés de Tulan.

« Hélas ! nous ne verrons plus ici l'aurore au moment où naît le soleil qui éclaire la face de la terre, dirent-ils en se mettant en route.

« Mais on laissa (du monde} en chemin ; car il y eut des gens qui demeurèrent là endormis, chacune des tribus se levant toujours de manière à voir l'étoile messagère du soleil.

« C'est ce signe de l'aurore qui était dans leur pensée, lorsqu'ils vinrent de là où le soleil se lève, en partant de ce lieu qui est à une grande distance, nous dit-on aujourd'hui ».

Leur cœur se brisait et grandes étaient leurs souffrances, car ils étaient sans nourriture, sans soleil et sans feu.

Ils passèrent de ce côté comme s'il n'y avait pas eu de mer, « car ils passèrent sur des pierres éparses et ces pierres étaient roulées sur les sables ».

Toujours dans l'angoisse, sans sommeil, sans repos, dans l'attente de l'aurore « et de la clarté à venir, hélas ! » disaient-ils, « puissions-nous voir enfin le lever du soleil ! Comment donc avons-nous fait (qu'étant tous) d'un même sentiment dans notre patrie, nous nous en sommes ainsi arrachés[5] ? »

Bien que leur itinéraire soit vaguement indiqué, on voit cependant qu'ils vinrent sur les glaces, des pays où le soleil se lève, traversèrent la région des longues nuits et se rendirent, d'étape en étape, aux riantes contrées mexicaines où ils fondèrent un grand empire.

Les Quichés appartiennent à cette belle et intelligente race rouge que l'on retrouve encore autour des imposantes ruines des monuments qu'elle éleva, dans ses jours de grandeur, au Mexique, au Pérou et sur les bords du Nil.

Si l'on découvre un jour, ainsi qu'il est à croire, qu'une grande île existait jadis à l'endroit où dort maintenant la mer de Sargasse, on identifiera la catastrophe qui détruisit l'Atlantide avec celle qui plongea dans les flots une partie notable de l'Amérique ; on aura l'explication de ces ressemblances frappantes que les divers peuples de race rouge présentent comme type, comme arts et traditions ; on admettra sans peine comme probables, sinon comme certains, les longs rapports qui paraissent avoir existé, dans les temps pré-historiques, entre le Nouveau-Monde et l'Europe.

On pense qu'après la révolution que racontent Platon et les anciens livres mexicains, la mer fut longtemps impraticable et que les Phéniciens ont eu l'honneur de franchir, les premiers, les Colonnes d'Hercule. Ces intrépides marins semblent avoir fréquenté l'Amérique, mais s'il transpira quelque chose de leurs découvertes, ce ne furent, dit M. d'Avezac, que de vagues indices livrés aux caprices de l'imagination des Grecs[6].

Le premier voyage certain à travers l'Atlantique est celui de Pythéas, de Marseille.

Cet habile marin partit environ l'an 340 avant notre ère, en même temps que son compatriote Euthymenès, qui fit route au sud, le long des côtes d'Afrique. Le but et la simultanéité de ces expéditions prouvent qu'elles avaient lieu sous les auspices de la grande cité phocéenne. Si Polybe et Strabon avaient remarqué ce détail, ils auraient compris que la position de fortune de Pythéas ne pouvait être invoquée pour ou contre la réalité de son voyage.

Il fit le tour de la péninsule ibérique, remonta le long des côtes de la Gaule et pénétra dans la Manche après avoir mesuré la distance qui sépare de la terre ferme les îles Uxisamées ou d'Ouessant[7].

On ne voit pas qu'il ait visité les Cassitérides ou Sorlingues, qui fournissaient à Marseille beaucoup d'étain[8], non plus que l'île Ictis ou Mictis (Wight), entrepôt des régions voisines[9].

Au retour de ses voyages, il a composé deux ouvrages : Περι του Ωκεανου (de l'Océan) et Γῆς περιοδος (Le tour du monde). Ces deux ouvrages sont malheureusement perdus, et l'on n'a plus pour reconstruire son périple que les fragments cités par ses contradicteurs.

On sait toutefois qu'il a vu la pointe sud-est de la Grande-Bretagne que les anciens désignaient sous le nom de cap Cantion. De ce point, les uns le font aller vers le Danemark et la Norvége, les autres lui font explorer les côtes orientales de l'Angleterre et fixent l'Islande pour terme de sa navigation.

Les étroites limites d'une préface ne permettent pas une discussion de ces hypothèses ; nous nous contenterons d'exposer les indices qui nous font pencher en faveur de la seconde.

Après une longue marche que Lelewel suppose avoir été faite sur la marge orientale de l'Angleterre, Pythéas vit, à six jours de navigation de Thulé, des Barbares qui lui montrèrent le lieu du coucher du soleil. Dans ces contrées, dit Géminus, la nuit était de deux heures pour les uns et de trois pour les autres[10]. Ces indications permirent à Pythéas de calculer la durée du jour solsticial aux diverses latitudes boréales et donnent pour position au pays des Barbares les environs du 63e parallèle.

À cette latitude, on ne trouve qu'un seul groupe d'îles : les Feroë. À six jours de navigation des Feroë on ne trouve qu'une seule terre : l'Islande. L'Islande serait donc la Thulé de Pythéas.

Pythéas ne put savoir si Thulé était île ou continent[11]. Ce doute se comprend si l'on place Thulé en Islande, cette île ayant 200 lieues de longueur sur 100 de largeur moyenne ; il ne se comprendrait ni pour les 85 îlots qui composent le groupe des Shetland, ni pour les 22 petites îles qui composent le groupe des Feroë. On verra un marin scandinave exprimer sur l'Islande le même doute que Pythéas sur Thulé.

D'après Strabon, qui cite Polybe, Pythéas aurait dit qu'au-delà de Thulé on ne rencontre plus ni terre, ni mer, ni air, mais une concrétion de ces divers éléments semblable au *poumon marin* qui tient en suspension et réunit par un lien commun la terre, la mer et l'air et ne permet plus à l'homme de marcher ou de naviguer[12].

Les savants ont beaucoup discuté sur ce poumon marin et l'ont transformé successivement en fumée projetée par l'Hékla, en glaces polaires, en pierres ponces provenant de volcans qui semblent exister vers le 75e degré.

Pythéas connaissait assez la fumée, la glace et la pierre ponce pour ne pas les comparer au poumon marin, zoophyte dont il avait sans doute sous les yeux un grand nombre de sujets[13].

Mais s'il a vu l'Islande pendant l'hiver, il l'a trouvée frissonnante sous un épais manteau de neige, enveloppée d'une atmosphère sombre et fumeuse[14], souvent remplie de particules glacées. Peut-être aperçut-il, pendant une éclaircie, des montagnes de glace flottant à l'horizon ou l'un de ces nuages blancs, épais, effroi des navigateurs, qui se rencontrent fréquemment au Spitzberg[15] et dans la mer de Baffin[16], sur une ligne isothermique très-voisine de celle qui passe par le nord de l'Islande[17]. Les glaces flottantes pouvaient consteller cette atmosphère de points lumineux, c'est-à-dire produire le même effet que le poumon marin dans les vagues.

Un marin qui n'avait encore vu que le beau ciel bleu de la Méditerranée, qui partageait plus ou moins les idées de son temps sur la cosmographie des régions hyperboréennes, put croire qu'il avait atteint la marge extrême de la partie du globe accessible à l'homme et comparer au poumon marin l'atmosphère de ces régions.

Pythéas ne s'en tint pas à ce détail qui rappelle les vagues traditions des Phéniciens sur la *mer Hespérienne* : il détermina la latitude de Thulé par des observations astronomiques dont Strabon lui-même a reconnu l'exactitude[18].

À Thulé, dit-il, le tropique d'été se confond avec le cercle arctique[19], et le jour solsticial est de vingt-quatre heures. C'est aussi ce que disent, après Pomponius Mela[20] et Pline[21], Solin[22], qui vivait un siècle et demi après eux, Dicuil[23] qui prétend que toute la nuit comme en plein jour, un homme peut travailler et *chercher ses poux dans sa chemise*, Horrebows[24], qui observa que de la mi-mai au mois de septembre « on voit assez clair pour lire toute la nuit, » et que, dans la région du cap Nord le soleil reste sur l'horizon du 12 juin au 1er juillet.

D'après les calculs de Strabon, la terre ainsi décrite se trouverait sous le 66e degré de latitude boréale, à 46 200 stades de l'équateur. C'est précisément la position qu'Hipparque et les géographes modernes donnent à l'Islande[25].

De l'avis unanime des anciens, Pythéas est le seul qui s'aventura si près du pôle et proclama l'habitabilité des régions arctiques. C'est d'après lui, selon toute apparence, qu'Aristote[26] étendit la zone habitable jusqu'au 67e degré « d'où l'on voit toujours la couronne d'Ariane, où le jour solsticial d'été est de vingt-quatre heures ».

Sa description des étoiles du pôle est citée avec éloge par Hipparque, auteur du premier catalogue des étoiles fixes. Ératosthènes et Hipparque lui ont emprunté la plupart des déterminations de latitudes qu'ils ont données sur le nord de l'Europe[27], et cette partie de leurs travaux est beaucoup plus exacte que la partie correspondante des travaux de

Strabon[28]. Ce grand géographe n'admettait pas l'habitabilité de la terre au-delà d'Ierné (l'Irlande), qu'il plaçait sans façon au nord de la Grande-Bretagne. Cette île est très-froide, disait-il, habitée par un petit peuple misérable et complètement sauvage ; on ne sait pas s'il y a des terres habitables au nord d'Ierné ; en tout cas, la connaissance de ces contrées serait pour nous sans aucun avantage politique, scientifique ou commercial[29].

Cette étrange opinion était à peu d'exception près, celle de toute l'école d'Athènes, qui s'émerveillait, d'ailleurs avec raison, du voyage que Néarque avait fait du delta de l'Indus à l'Euphrate. Néarque avait navigué le long des côtes, sous la protection d'une armée victorieuse, et son trajet n'était que de 25 000 stades. Comment les Athéniens auraient-ils admis que Pythéas avait fait, quelques années plus tôt, dans les régions ténébreuses, un voyage de 186 000 stades ? En lui accordant qu'il connaissait la route de Marseille au promontoire Cantion, restait, d'après les calculs les plus modérés, 45 000 stades dans des parages inconnus ; cette énorme distance dérangeait toutes leurs hypothèses cosmographiques et les déterminait à nier la réalité même de l'expédition.

Mais la brillante école d'Alexandrie, mieux à portée d'apprécier le mérite de Pythéas, profita largement des observations de l'illustre marin pour améliorer sa cartographie[30]. C'est l'honneur d'Ératosthènes et d'Hipparque d'avoir fait profiter la science des précieuses découvertes du voyageur marseillais. L'avenir leur a donné raison contre les négations magistrales de Polybe et de Strabon.

Un fait nous semble n'avoir pas été suffisamment remarqué, c'est l'indication par Pythéas du voisinage de la mer de glace ou Cronienne[31]. Ce navigateur n'avait pu deviner que les glaces commençaient à un jour de navigation de Thulé.

S'il avait placé Thulé en Danemark ou en Norvège, il n'aurait pas vu les glaces du Sund à la distance d'un jour de navigation, mais à quelques encablures de son navire. S'il avait cru Thulé aux Shetland ou même aux Feroë, l'intensité croissante du froid pouvait lui faire conjecturer l'existence d'une zone glaciale, mais il ne lui était pas possible de s'exprimer aussi affirmativement, surtout avec autant d'exactitude : ces deux archipels se trouvent à la fois trop au sud de la mer Cronienne et trop à l'est de la route des glaces.

Il n'a pas dû connaître la mer de glace proprement dite, mais il a pu voir le *treibeis* (glace flottante en fragments) qui apparaît sur la côte orientale de l'Islande[32], les icebergs qui flottent à l'ouest de la même île, les champs de glace qui bordent les côtes du Groenland et s'étendent du sud-ouest au nord-est derrière l'île Jean-Mayen à laquelle ils font souvent une couronne haute de 400 mètres.

La limite des banquises est d'ailleurs très-variable. En 865, Floki-Rafna vit, de l'Islande, la mer du Nord couverte de glaces flottantes[33]. Dans l'ouvrage qu'il a publié en 1752, Horrebows dit que le nord de l'Islande est souvent encombré par des glaces qui ressemblent à un pays sorti tout-à-coup du sein des eaux[34]. En 1773, le capitaine Phipps ne rencontra les glaces qu'au 80e degré[35]. En juillet 1833, Jules de Blosseville toucha les premiers glaçons par 68° 20' de latitude et la barrière des glaces mobiles par 68° 20' et 68[36]. Ces énormes masses ont souvent descendu beaucoup plus bas. En 1306 et 1695, elles ont emprisonné l'Islande. Fréquemment, en hiver, des ours blancs sont apportés par les glaces qui s'accumulent sur les côtes de cette île. On pouvait donc, au temps de Pythéas, indiquer cette terre comme étant à un jour de navigation des mers de glace[37].

Il nous semble résulter de ces diverses observations que l'Islande est la Thulé de Pythéas. C'était d'ailleurs l'avis du vénérable Bède et de Dicuil dont les ouvrages ne furent peut-être pas sans influence sur les navigations du moyen-âge.

Ce n'était pas ici le lieu de traiter *ex-professo* l'histoire du capitaine marseillais, mais il importait de démontrer qu'en découvrant l'Islande il ouvrit aux Scandinaves la route de l'Amérique.

Les Romains, venus après lui, n'ont pas dépassé les Orcades.

Des Orcades, dit Tacite, Agricola vit Thulé.

La Thulé de Tacite n'était certainement pas cette île mystérieuse qui passait pour voisine du chaos.

Tacite a beaucoup exagéré le mérite de son beau-père. Il ne faut pas, par un excès contraire, prendre cet imperator pour un homme absolument nul.

Si Julius Agricola se contenta de voir Thulé à la distance d'un seul jour de navigation[38], c'est qu'elle avait perdu son prestige par suite de la découverte d'une autre Thulé plus septentrionale, et non, comme le dit Tacite, « parce que la mer était immobile et résistait aux efforts des rameurs[39], » ou parce qu'il était trop indifférent pour acheter par quelque fatigue le plaisir de voir ce qu'il aurait pris pour la limite du monde et le commencement du chaos.

Du temps même d'Agricola, Plutarque burinait sur ses tablettes le récit d'explorations helléniques dans l'océan boréal.

Ogygia, dit-il, est situé à l'ouest, à la distance de cinq jours de navigation de l'Angleterre. Au-delà se trouvent trois îles, situées à égale distance l'une de l'autre et dans la même direction.

Saturne était enfermé dans l'une de ces îles et surveillé dans son sommeil par Briarée, car le sommeil lui servait de liens. Il était entouré de génies qui l'avaient servi quand il commandait encore aux dieux et aux hommes. Il rêvait ce que méditait Jupiter et les génies rapportaient ce qu'il rêvait.

La terre ferme, « par laquelle la grande mer est circulairement bordée », est à cinq mille stades d'Ogygia. On ne peut y aller que dans des vaisseaux à rames, parce que la mer est plate et basse, remplie de vase, de grands bancs et de récifs. « On a eu anciennement opinion qu'elle est glacée ».

Le Grand Continent forme une baie non moins étendue que le Palus Méotide. Les habitants s'en disent continentaux et nous appellent insulaires parce que nous sommes entourés par l'Océan.

Tous les trente ans, quand la planète de Saturne, qu'ils appellent Νυκτοῦρος « le Gardien de la nuit », entrait dans le signe du Taureau, des *Théores*, désignés par le sort, passaient du continent cronien à l'île d'Ogygia.

Leur navigation était très-dangereuse. Ils abordaient d'abord dans une île habitée par des Grecs, « là où ils voyent, » dit Plutarque, « que le soleil ne demeure pas absconsé vne heure durant, l'espace de bien trente iours, que cela est leur nuict, dont les tenebres sont bien peu obscures, et comme le crépuscule du iour ».

Sylla tenait ces détails d'un ancien prêtre de Saturne venu d'Ogygia à Carthage, où la découverte d'un parchemin sacré l'avait rendu célèbre et respecté[40].

L'imagination hellénique s'est donné carrière dans le récit dont on ne fait ici qu'un extrait. Plutarque y reproduit des traditions religieuses très-anciennes dont quelques fragments nous sont parvenus par la Méropéïde de

Théopompe. Ce récit rappelle également les îles des Démons, situées près de la Bretagne, qui recevaient les âmes des héros et servaient de repaire aux tempêtes et aux météores lumineux.

Les voyages trentenaires, renouvelés des antiques *Théories* de Délos, sont probablement fictifs. Les colonies grecques de l'Amérique semblent imaginées par Plutarque pour flatter ses vaniteux compatriotes.

Mais beaucoup d'anciens, comme le prêtre d'Ogygia mis en scène par Sylla, prirent pour une île notre continent. Dans le mythe géographique de la Méropéïde de Théopompe, Silène dit aux Phrygiens que les Méropiens habitent un grand continent lointain (μεγάλη ἤπειρος), et que notre terre n'est qu'une très-petite île[41]. Cicéron lui-même dit dans le *Songe de Scipion* : « Toute la terre que vous habitez n'est qu'une petite île. »

Saturne, personnification idéale d'une puissance tellurique, devait son prestige au mystère dont on enveloppait le lieu de sa captivité. Son île fuit, au gré des poètes, à mesure que les navigateurs étendent le cercle de leurs excursions. Le nom de Mer Saturnienne, donné d'abord à l'Adriatique, passe les Colonnes d'Hercule[42], remonte peu à peu au nord-ouest de l'Europe et s'attache avec Plutarque à l'Océan boréal, « comme si les brouillards de ces contrées, » dit M. Gaffarel, « avaient dû le (Saturne) faire disparaître ».

Humboldt pense que le mythe conservé par le Traité des taches de l'orbe lunaire de Plutarque fait partie d'un cercle d'idées plus symbolique que chorographique. « C'est, dit-il, un fragment de la géographie mythique des temps les plus anciens ». Le grand écrivain paraît cependant croire que si les idées popularisées par la poésie antique ont exercé une puissante influence sur les systèmes de géographie, les conceptions cosmographiques de Plutarque doivent peut-être beaucoup aussi à des découvertes réelles et aux *contes des navigateurs* qui revenaient des *mers extérieures*[43].

Le dernier point paraît incontestable. Les poètes ont imaginé qu'une terre inaccessible, située à la limite du disque terrestre, fermait le fleuve Océan[44]. Il ne fallait peut-être pas un grand effort de génie pour trouver cela ; cependant, pour trouver plus vrai, il fallait absolument passer des rêveries poétiques à l'expérimentation. Même en admettant la sphéricité de la terre, il était impossible d'indiquer avec quelqu'exactitude le site des îles ainsi que la configuration des mers et des continents. Les navigateurs ont mal observé ? trouvant la vérité trop simple, ils ont cru devoir la flanquer de récits merveilleux ? Soit. Mais leurs découvertes n'en sont pas moins réelles, pas moins indispensables pour comprendre la géographie positive des anciens.

Or, ce qu'il y a de particulièrement remarquable dans le récit du philosophe de Chéronée, c'est la précision des détails géographiques.

Les trois îles qu'il place à égale distance l'une de l'autre, sur une ligne de 5 000 stades, entre Ogygia et le Continent Cronien, correspondent exactement aux Feroë, à l'Islande et au Groenland. La baie grande comme le Palus Méotide répond à celle de Hudson où à la mer de Baffin. Sa mer dangereuse à cause de la vase, des bas-fonds et des glaces rappelle l'hydrographie de l'Océan boréal[45]. Son Grand continent se prolonge vers le Nord comme la Grande Terre des Méropes de Théopompe, d'où l'on fit une excursion dans le pays des Hyperboréens.

Ses nuits d'une heure, claires comme des crépuscules, sont celles de Thulé, telles du moins que les décrivent Dicuil et Horrebows[46].

Plutarque s'est-il inspiré des savants ouvrages d'Ératosthènes et d'Hipparque, qui résumaient ceux de Pythéas ? A-t-il connu les récits de Timœus sur l'île de Mictim, située à six jours de navigation de la Bretagne, sur celles de Scandia, Dumna, Bergos et Nérigon, la plus grande de toutes, qui précédait Thulé[47] ?

Quoi qu'il en soit, sa description si précise de la mer Cronienne prouve que cette mer avait vu des navires sortis du bassin de la Méditerranée.

Comme on le voit par les ouvrages de Bède et l'opuscule de Dicuil, ces navigations furent connues des moines irlandais. Elles exercèrent certainement une grande influence sur ces moines qui devinrent, pour ainsi dire, les pilotes des Normands.

Mais tandis que toutes les découvertes anciennes nous apparaissent dans un lointain plus ou moins nuageux, les Normands nous ont conservé de leurs navigations des récits d'une incontestable authenticité. Ces récits se trouvent dans les *Sagas* dont l'exactitude est confirmée par les découvertes archéologiques faites chaque jour en Danemark, en Norvége, en Islande, en Groenland, en Amérique. Leurs auteurs, les vieux islandais, n'avançaient rien au hasard, ne suppléaient pas d'imagination à l'absence de documents certains. Leurs Sagas sont simples, claires, précises, purgées de ce merveilleux qui laisse habituellement des doutes sur l'intelligence et la sincérité des chroniqueurs monastiques.

C'est à cette source vive, à l'archéologie, aux travaux de nos devanciers que nous avons demandé les récits des découvertes faites par les Scandinaves, du Xe au XVIe siècle, en Amérique et dans les régions boréales.

Toutes les Sagas ne sont pas encore connues ; le sol n'a pas encore livré tous ses secrets : on pourra donc, avec le temps, ajouter à notre œuvre de curieux détails, préciser certains faits imparfaitement connus. Néanmoins, on peut considérer maintenant comme certain que, dès l'an mille, les Normands ont fréquenté l'Amérique du Nord ; qu'ils en ont occupé les côtes orientales jusqu'au XIVe siècle ; qu'ils s'y sont établis de nouveau à l'époque même où Jehan de Béthencourt faisait la conquête des Canaries ; qu'ils ont couvert de colonies toute la marge occidentale du

Groenland et que ces colonies eurent des évêques jusqu'en 1537 ; qu'ils ont habité la province de Bahia et probablement traversé toute l'Amérique du Nord ; que leurs importantes découvertes furent connues en Europe.

Dans un second travail que nous préparons, nous préciserons l'influence de l'œuvre des Normands sur celle de Christophe Colomb, et nous établirons que, plusieurs années avant le premier voyage de l'immortel génois, un capitaine de la marine dieppoise, s'aventurant sur les pas des anciens de sa race, toucha aux côtes de l'Amérique du Sud, non loin des ruines, récemment découvertes, d'une ville bâtie par les Scandinaves.

Nous avons entrepris ces recherches sur une lettre que M. R.-H. Major nous a fait l'honneur de nous écrire sous la date du 5 août 1872. Le savant conservateur du Dépôt des cartes nautiques et géographiques du *British Museum* voulait bien nous demander quels étaient les marins normands et bretons que nous avions signalés, dans la préface des *Découvertes et établissements de Cavalier de la Salle*, comme ayant vu l'Amérique avant Christophe Colomb.

L'incendie des archives du port de Dieppe en 1694 et le secret que nos vieux marins gardaient, dans un but mercantile, sur leurs lointaines découvertes, ne nous permirent pas de répondre en quelques lignes, ainsi que M. Major paraissait le désirer. Nos longues recherches nous ont même démontré que les découvertes de la fin du xve siècle étaient la continuation, pour mieux dire, la conséquence de celles du xe. Nous ne pouvions dès-lors répondre d'une manière complète qu'en faisant le récit de ces deux périodes de notre histoire maritime.

Nous publions aujourd'hui la première partie de notre travail et nous prions M. Major de bien vouloir la considérer comme une première réponse à sa demande.

1. ↑ M. Brasseur de Bourbourg, *Histoire des nations civilisées du Mexique et de l'Amérique-Centrale, pendant les siècles antérieurs à Christophe Colomb* ; Paris, Bertrand, 1857, t. I, p. 17.
2. ↑ M. Brasseur de Bourbourg, *Quatre lettres sur le Mexique... d'après le Teo-Amaxtli* ; Paris, Maisonneuve, 1868, pp. 26, 27.
3. ↑ M. Brasseur de Bourbourg, *Quatre lettres sur le Mexique...* pp. 10, 11.
4. ↑ M. Viollet-Le-Duc, *Antiquités américaines*, introduction aux *Cités et ruines américaines* de *M. D. Charnay*. Paris, Gide et Morel, 1863, p. 104.
5. ↑ M. Brasseur de Bourbourg, *Popol-Vuh. — Le Livre sacré et les mythes de l'antiquité américaine, avec les livres héroïques et historiques des Quichés*. Paris, Bertrand, 1861, pp. 215-239.

6. ↑ M. d'Avezac, *Les Îles de l'Afrique*, 2ᵉ partie, p. 4. (Collection de l'*Univers*).
7. ↑ *Géographie de Strabon*, liv. I, ch. IV, § 5 ; trad. Tardieu, t. I, p. 109.
8. ↑ *Ibid.* liv. III, ch. II, § 9, t. I, p. 241.
9. ↑ Lelewel, *Pythéas de Marseille et la Géographie de son temps* ; Paris, 1836, pp. 30, 31.
10. ↑ Γεμινου εισαγωγη εις τα φαινομενα, p. 30 (Collection faite par l'abbé Halma sous le titre : *Table chronologique des règnes…* Paris, 1819.)

    D'après le grammairien Cratès, c'est dans ce pays qu'Homère plaçait les Lestrigons (V. *Odyssée*, ch. X, v. 83-87. éd. gréco-latine de Firmin Didot, Paris, 1856).
11. ↑ *Géographie de Strabon*, liv. III, § 3, Paris, Imp. Imp. 1809, t. I, pp. 313, 314.
12. ↑ *Géographie de Strabon*, liv. II, ch. IV, § 1, trad. Tardieu, t. I, p. 171.
13. ↑ Pour la description du *Poumon marin*, voir Linné, *Systema naturæ*, Lipsiæ, 1748, p. 73 ; — Pline, lib. IX, cap. XLV, — LXVIII de l'éd. Nisard ; — Kéralio, *De la connoissance que les anciens ont eue des pays du nord de l'Europe*, 1ᵉʳ mém. pp. 34-45, ap. *Mémoires de l'Académie des inscriptions et Belles-Lettres*, t. 45.
14. ↑ En 1827, Ampère était à Drontheim, située à très-peu près sous la latitude de l'Islande. « Les montagnes, » dit-il, « étaient enveloppées d'une brume épaisse qui semblait réunir le ciel et la mer, et à travers laquelle un jour faux tombait obliquement sur les vagues. » (J.-J. Ampère, *Littérature et Voyages* ; Paris, Didier, ch. III, p. 54.) En Islande, l'intensité de la brume était augmentée par les particules glacées qui emplissaient l'atmosphère, par les teintes sombres et fumeuses que produisent les neiges et par les vapeurs que les marins appellent *fumée des glaces*.
15. ↑ Phipps, *Voyage au pôle boréal, fait en 1773.* trad. anonyme ; Paris, 1775, pp. 68, 69.
16. ↑ *Nouvelles annales des voyages*, année 1819, t. I, p. 430.
17. ↑ Élisée Reclus, *La Terre* ; Paris, Hachette, 1872, t. I, pl. XVII.
18. ↑ « Néanmoins, pour ce qui concerne la position géographique de ces lieux par rapport au ciel, il paraît raisonner assez conformément aux règles de l'Astronomie. » (*Géographie de Strabon*, liv. IV, § VI, Imp. Imp. 1809, t. II, pp. 83, 84.)
19. ↑ *Géographie de Strabon*, liv. II, § III, Imp. Imp., 1809, t. I, pp. 313-314.
20. ↑ « In ea (Thule) quod sol longe occasurus exurgit, breves utique noctes sunt, sed per hyemem sicut alibi obscuræ, æstate lucidæ, quod per in tempus iam se altius euehens quanquam ipse non cernatur, vicino tamen

splendore proxima illustrat : per solsticium vero nullæ, quod tum iam manifestior fulgorem modo, sed sui quoque partem maximam ostentat. » (Joachim Vadiani Helvetii *in Pomponia Mela commentaria* ; Paris, 1543, lib. III, pp. 173, 174.) « On voit, » dit Kéralio, « que cet élégant écrivain suit le récit de Pythéas mais qu'en peintre ambitieux il agrandit son modèle, et place Thulé un peu au-delà du cercle polaire. » (*Op. cit.*, *2ᵉ mémoire*, p. 45.)

21. ↑ « In Britanniâ... æstate lucidæ noctes haud dubie repromittunt in quod cogit ratio credi, solsticii diebus accedente sole propius verticem mundi, angusto lucis ambitu, subjecta terræ continuos dies habere senis mensibus, noctesque e diverso ad brumam remoto. Quod fieri in insulâ Thule Pytheas Massiliensis scripsit, sex dierum navigatione in septentrionem a Britanniâ distante. » (Pline, lib. II, c. 75, § 77).

22. ↑ « Multæ et aliæ circa Britanniam insulæ ; e quibus Thule ultima. In quâ æstivo solsticio, sole de cancri sidere faciente transitum, nox penè nulla, brumali solsticio dies adèo conductus ut ortus junctus sit occasui. Ultra Thulen accepimus pigrum esse et concretum mare. (Julius Solinus Polyhistor, cap. xxv, p. 302. Lugd. Batav., ap. Hieron. de Vogel, 1646).

23. ↑ Dicuili *liber de mensura orbis terræ*, C.-A. Walkenaer. Parisiis, ex typis Firmini Didot, m.d.ccc.vii, pp. 29, 30.

24. ↑ Horrebows, *Nouvelle description physique-historique, civile et politique de l'Islande, avec des observations critiques sur l'histoire naturelle de cette isle, donnée par M. Anderson*. Ouvrage traduit de l'allemand de M. Horrebows, qui y a été envoyé par le Roi de Danemark. Paris, Charpentier, 1764, t. I, pp. 335-340.

25. ↑ *Géographie de Strabon*, Paris, Imp. Imp., t. II, p. 84, n. 2. — Bougainville, *Éclaircissements sur la vie et les voyages de Pythéas de Marseille*, apud, *Mémoires de l'Académie des Inscriptions et Belles-Lettres*, t. XIX, p. 150. — Gosselin, *Recherches sur la géographie systématique et positive des anciens*, Paris, Imp. de la Répub., an vi, t. I, p. 33, 34 et tabl. I de la p. 57.

26. ↑ Arist., *Meteorologica*, lib. II, cap. v, § 12.

27. ↑ Bougainville, *op. cit.*, pp. 147-150.

28. ↑ En voici un exemple : Strabon reprend Hipparque d'avoir dit, sur la foy de Pythéas, que Bysance et Marseille sont à peu près sous la même latitude, parce qu'on y trouvait le même rapport entre l'ombre et le gnomon. Après avoir rapporté l'opinion de plusieurs auteurs, il prétend que Bysance est plus au nord que Marseille (liv. II, ch. v, § 9, trad. Tardieu, t. i, pp. 187, 189. On sait que, tout au contraire, Bysance est de 2° 13' 45" plus au sud que Marseille.

29. ↑ *Géographie de Strabon*, liv. II, ch. v, § 8, trad. Tardieu, t. I, pp. 188, 189 et passim.
30. ↑ LELEWEL, *op. cit.*, pp. 43, 44, 46.
31. ↑ PLINE, lib. IV, cap. 30, § 3.
32. ↑ M. VIVIEN DE S.-MARTIN, *l'Année géographique*, année 1872, p. 309.
33. ↑ *Islands Landnamabok*, — Hoc est Liber Originum Islandiæ ; Havniæ, 1774, pars. I, cap. II, p. 9.
34. ↑ HORREBOWS, *op. cit.*, t. I, pp. 366, 367.
35. ↑ *Voyage au pôle boréal, fait en 1773, par ordre du roi d'Angleterre*, par Constantin-Jean PHIPPS. Paris, 1775, p. 74.
36. ↑ *Carte d'une partie du Groenland oriental, reconnu par le brig la Lilloise, sous le commandement de M. Jules de Blosseville, en 1833.* Publiée par la Société de Géographie, Bulletin, 11e Série, n° 12. (Communication de M. Charles de Beaurepaire).
37. ↑ J.-J. AMPÈRE, *op. cit.* — *Discours sur l'ancienne littérature scandinave*, p. 282. — *Histoire générale des voyages*, t. XVIII, p. 18, éd. in-4°.
38. ↑ Des Orcades aux Shetland il y a 80 kilomètres, soit 505 stades (mesure d'Ératosthènes), c'est-à-dire un jour de navigation et cinq stades.
39. ↑ TACITI *Julii Agricolæ vita*, 10.
40. ↑ PLUTARQUE, trad. d'Amyot. *Œuvres morales et philosophiques.* — *De la face qui apparoist dedans le rond de la lune.* Paris, Jean Macé, 1581, in-f^o, ff. 624, 625.
41. ↑ Perizonius, d'ailleurs si judicieux, a vu dans les révélations de Silène quelques traces de l'Amérique. « *Non dubito quin veteres aliquid sciverint quasi per nebulam et caliginem de* America *partim ab antiqua traditione ab Ægyptiis vel Carthaginiensibus accepta, partim ratiocinatione de forma et situ orbis terrarum.* » (*Ælian.*, éd. Lugd., 1701, p. 217, cité par Humboldt. »
42. ↑ Appelées jadis les *Colonnes de Briarée* ou de *Cronos*.
43. ↑ HUMBOLDT, *Examen critique de l'histoire de la géographie du Nouveau Continent et des progrès de l'astronomie nautique*, Paris, Morgan, s. d., t. I, pp. 192, 193.
44. ↑ « L'idée d'une masse continentale *au-delà* de l'Océan, aux confins du disque de la terre, se retrouve chez les Indiens dans le monde (lôka), situé au-delà des sept mers, comme dans les traditions arabes sur les montagnes de Kaf. » (HUMBOLDT, *op. cit.*, t. I, p. 195).

Cosmas Indicopleustès, moine-géographe du VIe siècle, prétend, d'après plusieurs Pères de l'Église, que l'Océan divise la terre en deux parties dont la première est actuellement habitée par nous, tandis que l'autre, première demeure du premier homme, ancien paradis, située au-delà de l'Océan, se réunit au ciel (M. E. CHARTON, *Voyageurs anciens et modernes*, t. II, p. 10 et fig. des pp. 10 et 11.)

45. ↑ « Le trajet de l'Océan Cronien est lent à cause des alluvions des rivières qui descendent du Grand Continent et rendent la mer *terreuse* (bourbeuse) et épaisse. » C'est une manière, dit Humboldt, d'expliquer par la proximité d'un grand continent le *Mare concretum, cænosum, pigrum* des auteurs romains et d'attribuer à des dépôts de terrains meubles ce que d'autres, dans les régions boréales, attribuent aux glaces, ou les mers méridionales à l'algue marine, c'est-à-dire aux bancs flottants de fucus (HUMBOLDT, *op. cit.*, t. I, pp. 197, 198).

46. ↑ « Ces îles devaient être bien boréales, puisque, pendant trente jours, le soleil n'y restait couché qu'une heure, et que même pendant la nuit il régnait une lumière crépusculaire. Le moine irlandais Dicuil aurait dit qu'il y faisait encore assez clair pour *chercher ses poux*. » (HUMBOLDT, *op. cit.*, t. I, p. 201).

47. ↑ PLINE, liv. IV, chap. XV.

PREMIÈRE PARTIE.

—

ROUTE DE L'AMÉRIQUE.

CHAPITRE I.

COUP D'ŒIL SUR LE GÉNIE MARITIME DES NORMANDS.

Caractère. — Constructions navales. — Vie et funérailles du Roi de mer. — La Piraterie. — Les Vierges du Bouclier. — Les Normands sont prédestinés à jouer un grand rôle dans la découverte du monde.

EN Norvége, dit Depping, les fleuves roulent sur un sable magnétique, provenant des détritus des roches oxydulées, et les hommes y boivent, pour ainsi dire, le fer avec les eaux, ce qui doit influer sur l'énergie de leur caractère.

On est frappé de cette remarque du savant historien quand on se remet en mémoire les courses aventureuses que les Scandinaves faisaient, sans cartes et sans boussoles, à travers l'Océan, en quête de gloire, de pillage et de terres inconnues.

La Norvége était pauvre, populeuse et devait, comme aujourd'hui, demander à l'extérieur une partie notable de sa consommation.

Les milliers d'îles qui se pressent sur ses côtes lui font une bordure pittoresque mais dangereuse pour les navigateurs.

Les fjords, ou golfes ramifiés, qui creusent de longues et profondes vallées, contribuent, avec les fleuves et les montagnes, à l'isolement des villages, à la difficulté des communications, à l'emploi continuel du bateau.

La pauvreté de la terre norvégienne et une mer poissonneuse, — un caractère vagabond, l'habitude de la guerre et le culte de la force brutale, — l'amour de la gloire et des richesses, le mépris du danger, des croyances religieuses écloses au bruit des combats firent le Scandinave d'abord pêcheur intrépide, puis audacieux corsaire, enfin roi de l'Océan.

Il jura par son navire et lui donna, comme à son épée, un nom capable d'inspirer l'effroi : *Jarnbardan*, le phallus de fer, *Ognar brandur*, l'Épée sanglante[1].

Les navires normands étaient en chêne, bien pontés, permettaient l'abordage de l'avant et de l'arrière, comme ceux que Tacite admira chez les Suiones[2] ; toujours prêts pour la défense, ils n'avaient qu'un demi-tour à faire pour présenter un éperon.

Sous une main habile, qui savait profiter des variations atmosphériques et prévoir les changements brusques de température[3], ils glissaient sur la vague, rapides et gracieux, comme le canard ou le cygne dont ils avaient emprunté la forme[4].

Les chefs tenaient à honneur d'en avoir de grandes dimensions qu'ils nommaient *Snekkar* ou *Drakar*, Serpents ou Dragons. Le *Long-Serpent* d'Olaf Tryggvason, construit par le charpentier Thorberg et célèbre dans les annales du Nord, avait trente-deux rangs de rames et portait quatre-vingt-dix hommes. Le jarl Hakon eut un dragon de quarante bancs, Kanut un de soixante. Olaf-le-Saint en possédait deux pouvant porter deux cents hommes[5].

Des figures d'animaux, vrais ou fantastiques, toute bariolées, embrassaient la carène de leurs jambes et de leurs ailes et dressaient, sur de longs cols, des têtes hideuses et menaçantes. Ces monstres se montrèrent plus d'une fois sur les côtes de France. Un moine historien vit dans l'apparition d'une flotte hérissée de mâts : « Une troupe de bêtes sauvages au milieu d'une forêt[6] ».

Quand la piraterie devint fructueuse, ces figures furent en métal, enrichies d'or et d'argent. Les navires du roi Kanut portaient en poupe soit un lion d'or, soit un dragon de bronze poli, soit un taureau furieux avec des cornes dorées.

Torfæus[7] décrit un dragon tout brillant d'or et d'une grandeur incomparable. Parlant ensuite de quatre magnifiques vaisseaux, il dit, de l'un d'eux, qu'il paraissait en or et répercutait par tout l'Océan les splendides rayons du soleil.

D'après Robert Wace, le navire qui porta Guillaume-le-Conquérant en Angleterre avait en brant (poupe) un sagittaire en cuivre[8].

Quant Guinemer ou Wimmar, vassal des comtes de Boulogne, se rendit en Terre Sainte (1096), ses navires, qui portaient plus de vingt mille hommes, avaient leurs mâtures dorées et des voiles faites d'étoffes précieuses[9].

Avec leurs figures de dragons, de sagittaires, de taureaux, avec les boucliers polis des soldats et les dorures qui décoraient leurs flancs, les navires normands resplendissaient au soleil comme des météores et portaient l'effroi dans le cœur des ennemis.

Le *Roi de mer* passait sa vie entière sur l'Océan, « ne cherchait jamais un refuge sous un toit, ne vidait jamais son cornet à boire auprès d'aucun foyer ». À sa mort, on déposait son corps et ses armes sur un bateau qu'on lançait en mer après y avoir mis le feu. L'audacieux pirate allait ainsi dormir son dernier sommeil dans les abîmes de l'élément dont il avait appris, dès sa jeunesse, à braver les caprices et les fureurs[10].

La piraterie n'était permise qu'aux hommes de noble origine. C'était la carrière de l'honneur et de la fortune. Les anciens chroniqueurs glorifiaient les pirates célèbres comme nos historiens glorifient les grands généraux. Longtemps après la conquête de l'Angleterre et de la Normandie par les Scandinaves, on donnait encore les noms de *pirates* et d'*archipirates* aux officiers de mer que nous appelons capitaines et amiraux[11].

Pour les fils de rois et de grands seigneurs, la piraterie était un moyen de s'illustrer, de se recommander auprès de la nation. Quant un prince atteignait dix-huit ou vingt ans, il demandait à son père des vaisseaux pour tenter de glorieux exploits. Le père applaudissait à cette demande qu'il considérait comme un signe de courage et de grandeur d'âme[12].

Les femmes n'échappèrent point à cette fureur belliqueuse. Celui qui souhaitait leur amour devait être intrépide au milieu du fracas des armes[13].

Elles commencèrent par admirer les pirates, puis franchirent l'étroit sentier qui sépare l'admiration de l'amour. Comme le dit M. Prosper Blanchemain dans son magnifique langage :

> Seule, accoudée aux créneaux de la tour,
> La blonde enfant du Koning de Norvége,
> Les yeux rêveurs, penchait son front de neige
> Vers l'Océan qui grondait à l'entour[14].

Aux anxieuses méditations que provoque le bruit du flot s'unissent les chants enthousiastes des scaldes ; la blonde fille du Nord rêve de tempête et de combat, en désire les violentes émotions, finit par abandonner sa paisible retraite pour le pont d'un navire, sa coiffe de lin pour le casque d'acier ; le palium du guerrier couvre ses épaules, le bouclier poli protège son sein ; elle brandit la lance et la hache d'arme, lutte de courage et d'audace avec les hommes. Des femmes ont combattu à la terrible bataille de Braavalla, dans laquelle les scaldes font intervenir la plus puissante des divinités scandinaves. À côté d'aventures qui rappellent les plus beaux jours de la chevalerie on a la merveilleuse et poétique histoire des *Vierges du Bouclier*[15].

Mais malheur à l'homme du peuple qui osait se signaler sur mer ! les rois le punissaient d'une mort ignominieuse[16]. De même au moyen-âge, en France et dans la plus grande partie de l'Europe, les seigneurs pendaient, comme larrons, les roturiers qui se permettaient, à leur exemple, de dépouiller les voyageurs sur les grands chemins.

Par leur caractère, les Scandinaves étaient prédestinés à jouer un grand rôle dans la découverte du monde.

Une autre cause, qui appartient à la géographie physique, devait favoriser leurs tentatives : le peu de largeur du canal Atlantique vers le 60e degré et les groupes des Orcades, des

Shetland, des Feroë, de l'Islande, qui sont placés comme des stations intermédiaires entre les deux continents.

1. ↑ Torfæus, *Historia rerum norvegicarum*, cap. xliv, lvii. — Jal, *Archéologie navale*, t. I, mém. 2, p. 139. Paris, Bertrand, 1840. — Depping, *Histoire des expéditions maritimes des Normands et de leurs expéditions en France au Xe siècle*, liv. I, chap. ii, pp. 42-45. Paris, Didier, 1844, in-8°.
2. ↑ Taciti *de moribus Germanorum*, 44, 45.
3. ↑ Forster, *Histoire des découvertes et des voyages faits dans le Nord*, trad. Broussonnet, t. I, pp. 127-129.
4. ↑ Jal, *op. cit.*, p. 141.
5. ↑ Depping, *op. cit.*, liv. I, ch. ii, pp. 43, 44. — Jal, *op. cit.*, t. I, p. 134.
6. ↑ Depping, *op. cit.*, liv. I, ch. ii, p. 44. — Jal, *op. cit.*, t. I, pp. 131, 132, 144.
7. ↑ Torfæus, *op. cit.*, cap. xlii.
8. ↑ *Le Roman de Rou et des ducs de Normandie*. Rouen, E. Frère, 1827, t. i, p. 146, v. 11595-11599. — Jal, *op. cit.* t. I, p. 143.
9. ↑ M. P. Riant, *Expéditions et pèlerinages des Scandinaves en Terre Sainte au temps des croisades*. Paris, 1865, in-8°, p. 134.
10. ↑ Depping, *op. cit.*, liv. I, ch. i, p. 19 ; ch. ii, p. 41.

11. ↑ Fréville, *Mémoire sur le commerce maritime de Rouen*. Rouen, Le Brument, 1857, t. I, p. 47.
12. ↑ Mallet, *Introduction à l'histoire du Dannemarc*, t. I, pp. 215, 216.
13. ↑ « Celui qui recherche l'amour des jeunes filles doit être intrépide au milieu du fracas des armes. » (*Chant de la mort d'Erik Blodoxi*, traduit par Ampère, *Littérature et Voyages*, Paris, Didier, 1863, p. 469).
14. ↑ *Poésies* de Prosper Blanchemain, t. III, *Idéal. — Le Roi de mer*. Paris, Aubry, 1866, p. 145.
15. ↑ Wheaton, *Histoire des peuples du Nord, ou les Danois et les Normands*, trad. Guillot ; Paris, Marc-Aurel, 1844, ch. vii, pp. 184-186. — Depping, *op. cit.*, liv. I, ch. i, pp. 31, 32 ; ch. ii, pp. 49-51.
16. ↑ Depping, *op. cit.*, liv. I, ch. i, pp. 19, 20.

CHAPITRE II.

625-725.

PREMIÈRES EXCURSIONS DES NORMANDS.

Les Normands commencent à s'éloigner des côtes. — Les pirates chantent leurs exploits. — Harald Haarfager conquiert la Norvége. — Harcelé par les pirates réfugiés aux Orcades, il conquiert ces îles et interdit la piraterie. — Les Peti et les Papæ. — Les moines irlandais ; leurs découvertes. — Les Normands aux Feroë.

Es Normands sortent peu à peu des fjords, parcourent les labyrinthes d'îles et de rochers qui bordent les côtes

Les norvégiennes, suivent le morse et la baleine jusque dans les régions polaires, apprennent à braver la tempête. Alternativement pirates et guerriers, ils infestent les rivages de la Baltique et de la mer du Nord en attendant qu'ils viennent s'installer en vainqueurs dans les riches plaines de la Neustrie.

Chaque hiver les ramène au foyer domestique. Ils chantent alors dans les banquets, en vers rudes et concis, remplis de métaphores, leurs prodigieuses aventures, la richesse et la beauté des pays dont ils exposent les dépouilles. Leurs chants se gravent dans les esprits, enflamment l'imagination d'une ardente et nombreuse jeunesse.

Les riches norvégiens étaient indépendants, braves, généreux, honorés du peuple qui partageait leur noblesse d'esprit. Ils avaient voix dans les assemblées nationales, respectaient réciproquement leurs droits, tenaient moins à la vie qu'à la liberté. Ils groupaient leurs demeures en villes, ce qui rendait les relations plus fréquentes et servait le développement des arts et de l'industrie.

L'ambition de Harald Haarfager (aux beaux cheveux) détruisit en partie ces germes de prospérité et changea les destinées du pays.

Il sema la discorde parmi les petits souverains qui se partageaient la Norvége, fit alliance avec quelques-uns, menaça les autres, poussa le pays dans les horreurs de la guerre et finit par le conquérir.

À mesure qu'il subjuguait un état, il en forçait le chef à changer son titre de *koning* (roi) contre celui de *jarl* (duc) ou de *herse* (chevalier) et à prendre une charge à sa cour ou un commandement dans son armée.

Beaucoup préféraient, au joug du vainqueur, les hasards de la mer et les tristesses de l'exil. Mais, en quittant leur patrie, ils vouaient une haine implacable à celui qui prétendait confisquer à son profit leur chère indépendance.

Les uns vinrent aux Orcades, les autres passèrent aux Hébrides, aux Shetland ou aux Feroë, qu'ils fréquentaient depuis le commencement du VIIIe siècle[1].

Le plus grand nombre se porta dans le premier groupe. L'aspect de ces îles est triste. Elles sont montagneuses, pelées, peu élevées, d'un sol maigre et stérile, sans autre végétation que le genévrier, le myrte sauvage, la bruyère et quelques plantes analogues, bien qu'elles aient produit jadis des forêts d'une certaine importance[2]. Mais elles ont pour les exilés l'immense avantage d'être parfaitement disposées pour un nid de pirates et de rappeler les sites et les productions de la Norvége[3].

Ils armèrent en corsaires le plus qu'ils purent de navires. Par d'habiles manœuvres ils interceptèrent le trafic de la Norvége, en ravagèrent et pillèrent fréquemment les côtes, excitèrent leurs compatriotes à se révolter contre Harald.

Celui-ci, furieux et humilié, prit en haine la piraterie et la proscrivit sous des peines sévères. Se mettant ensuite à la mer avec une flotte nombreuse, il poursuivit ses ennemis, coula leurs vaisseaux et s'empara des îles qui leur servaient de refuge[4].

Il trouva dans ces îles, outre des Scandinaves, des hommes qui paraissaient appartenir à deux races différentes : les *Peti* et les *Papæ*. Il les extermina complètement.

L'arrivée des Peti aux Orcades se perd dans la nuit des temps. Cet archipel a longtemps porté leur nom, et même le nord de l'Écosse, dit Snorre Sturleson, s'appelait autrefois Pettoland. Le nom de *Peti* se retrouve encore dans ceux de *Pentland Firth* et de *Pentland Skeries* donnés aux bras de mer qui sépare les Orcades de l'Écosse et aux *Ocetis* des anciens, petites îles des environs du cap Duncansby[5].

Barry suppose, avec raison, ce semble, que les Peti ne sont autres que les Pictes.

Quant aux Papæ, quelques auteurs les ont pris à tort pour des Scandinaves venus de Norvége à une date inconnue *(in some former age)*. Le savant Pinkerson a démontré que les Papæ étaient des prêtres irlandais qui avaient conservé le costume, le langage et les mœurs du clergé de leur pays[6].

À quelle époque les Papæ ou Irlandais vinrent-ils aux Orcades ? Il serait difficile de le préciser, mais on peut fixer comme probable le commencement du VIIe siècle.

Comme longtemps encore les Normands ne feront que marcher dans leurs pas, il convient de rappeler en quelques mots les causes de leurs excursions boréales. Si l'état actuel de la science ne permet pas de déterminer la part de gloire qui leur revient dans la découverte de l'Amérique, c'est un motif pour recueillir pieusement les débris de leur couronne que les siècles ont épargnés.

L'Irlande adopta de bonne heure le christianisme et se para du nom d'*Île des Saints*. Ce n'est pas cependant sans que les Bardes aient vaillamment lutté pour leurs anciennes divinités. « Si ton dieu était en enfer, » disait l'un d'eux à saint Patrice, « mes héros l'en retireraient ». Mais quand le christianisme eut fait sa paix avec la poésie, « les chants des bardes devinrent si beaux que les anges de Dieu se penchaient au bord du ciel pour les écouter ». C'est ainsi que la harpe devint le symbole et le blason de l'Irlande catholique[Z].

L'érudition, exilée des Gaules par les Barbares, vint alors se réfugier dans ses cloîtres. Une foi vive et de fortes études y produisirent des hommes de grande valeur qui, dans l'intérêt de leurs croyances religieuses, peut-être aussi de la science, exaltèrent les merveilles de l'Océan.

Les moines irlandais étaient d'ailleurs des marins intrépides ne le cédant en vigueur et en activité ni à leurs ancêtres, ni à leurs contemporains. Malgré les dangers de la mer d'Irlande et l'imperfection de leurs navires, on les voyait sans cesse courir sur les vagues avec l'audace et la légèreté du goéland, dont on leur donnait le nom.

Ils étendirent rapidement le champ de leurs excursions. Tandis que l'Europe venait chercher dans leurs cloîtres l'enseignement religieux, ils demandaient aux solitudes de l'Océan de nouveaux peuples à convertir[8].

Plus d'un barde enthousiaste avait pris le froc du moine et chantait sur la harpe gaélique, dans des mers et des terres inconnues, les louanges de ses nouveaux dieux et les exploits de ses pieux compagnons.

C'est ainsi que vers 625, après la découverte des Orcades et des Shetland, ils abordèrent aux Feroë, « qui étaient désertes depuis le commencement du monde[9] » ; c'est ainsi, dit Humboldt, que, dans le nord de l'Europe, quelques anachorètes chrétiens, dans l'intérieur de l'Asie, quelques pieux moines bouddhistes explorèrent et mirent en rapport de civilisation les contrées les plus inaccessibles[10].

En 725, Grim Kamban, pirate norvégien, vint s'établir aux Feroë. Les anachorètes irlandais, qui séjournaient dans ces îles depuis un siècle, en furent chassés, dit Dicuil, « par ces brigands de Normands[11] ».

Les Feroë servaient de retraite à des milliers d'oiseaux de mer et nourrissaient de nombreux troupeaux de brebis[12] dont la laine faisait l'objet d'un trafic considérable avec la Norvége ; elles étaient boisées et le Gulf-Stream, qui leur donnait un climat supportable, leur apportait une énorme quantité d'excellent poisson.

Ces avantages pouvaient séduire de simples colons, mais non fixer d'aventureux pirates. Beaucoup des compagnons de Kamban continuèrent leurs pérégrinations, non, comme le disent les Sagas, pour chercher d'autres terres incultes[13] mais pour courir la mer, combattre et butiner. La Norvége envoya cependant peu à peu, dans ces îles, un assez grand nombre de colons[14] qui entretinrent, avec la mère-patrie, des relations commerciales très-suivies.

1. ↑ ADAMI *Historia ecclesiastica.* Lugduni Batavorum, 1595, cap. 242, p. 149. — BARRY, *History of the Orkney Islands*, 2ᵉ éd., with corrections and additions by the Rev. James HEADRIK. London, 1808, book II, chap. III, pp. 113, 114.
2. ↑ *Greenland and adjacent seas and the north-west passage to the Pacific ocean illustrated in a voyage to Davis's strait during the summer of 1817* ; by BERNARD O'REILLY. London, 1818, in-4°. V. *Nouvelles Annales des Voyages*, 1819, t. I, p. 422. — MALTE-BRUN, *Géographie*. Paris, Aimé André, 1829, t. VIII, p. 574.
3. ↑ DEPPING, *op. cit.*, liv. II, ch. i, p. 57.
4. ↑ BARRY, *op. cit.*, book II, chap. III, pp. 113, 114. — AUG. THIERRY. *Histoire de la conquête de l'Angleterre par les Normands*, t. I, liv. II, p. 126.
5. ↑ *Diploma or deduction concerning the Genealogies of the Ancient Counts of Orkney, from their First Creation to the Fifteenth Century* :

Drawn up from the most authentic Records, by Thomas, Bishop o/Orknej, with the Assistance of his Clergy, and others, in consequence of an Order from Eric King of Denmark, to investigate the Right of William Sinclair, to the Earldom. AP. BARRY, *op. cit.*, pp. 401-409. Cette importante pièce, écrite d'ailleurs en très-mauvais latin, a été traduite en écossais, en 1554, par Deine Thomas Gwle, moine de Newbothill, à la requête d'honorable homme Wilzem Sanclair, baron de Roslin, Pechtland et Harbershire. — GOSSELIN, *Recherches sur la Géographie systématique et positive des Anciens*. Paris, Imp. Imp. 1813, t. IV, p. 231.

6. ↑ PINKERTON'S, *Introd. hist. Scot.*, citée par Barry, *op. cit.*, p. 115.
7. ↑ MONTALEMBERT, *Les Moines d'Occident*, liv. VII, t. II, p. 416. Paris, Lecoffre, 1800. — Dans la seconde édition, ce livre porte le n° IX.
8. ↑ MONTALEMBERT, *op. cit.*, liv. VII, t. II, p. 422 ; liv. XV, ch. IV, p. 445, 446.
9. ↑ DICUIL. *Liber de mensura orbis terræ*. Edition Walkenaer, Paris, Didot, 1807, p. 30.
10. ↑ HUMBOLDT, *Examen critique de l'Histoire de la géographie du Nouveau-Continent*. Paris, Morgand, s. d., t. II, p. 89.
11. ↑ DICUIL, *op. cit.*, p. 30. — LETRONNE, *Recherches géographiques et critiques sur le livre de Mensura orbis terræ*. 1814, pp. 129-146. — *Historia Olavi Tryggvii filii*, pars. post. cap. 177, p. 83, *in Scripta historica Islandorum de rebus gestis veterum borealium* ; Hafniæ, 1828.
12. ↑ DICUIL, *op. cit.*, p. 30.
13. ↑ *Historia Olavi Tryggvii filii*, pars, post., cap. 177, p. 83.
14. ↑ *Historia Olavi Tryggvii filii*, pars, post, cap. 178, 179, pp. 83-85.

CHAPITRE III.

795-930.

DÉCOUVERTE DE l'ISLANDE.

Naddod aborde en Islande et lui donne le nom de *Terre de Neige*. — Les Irlandais. — Preuve de leur séjour en Islande. — Gardar fait le tour de l'Islande et lui donne son nom. — Floki-Rafna vient en Islande pour y fonder une colonie. — Le froid et l'aspect du pays lui font abandonner son projet. — Il lui donne le nom de *Terre de Glace*. — Dans les pays scandinaves, cette île passe pour fertile et agréable. — Ingolf, forcé de quitter la Norvège, fait rechercher l'Islande et s'y rend avec Hjorleif. — Mort de Hjorleif. — Ingolf transporte sa demeure du sud-est au sud-ouest. — Son tombeau et ruines de la maison d'un de ses fils. — Émigration des Norvégiens après la bataille d'Hafurjord. — Toute l'Islande est colonisée. — C'est dans cette île que sont rédigées et conservées les traditions Scandinaves.

En 861, Naddod, pirate norvégien, mit à la voile pour les Feroë. La tempête le porta loin de sa route, à neuf cents kilomètres des côtes de sa patrie, en vue d'une terre blanche de neige. Il atterrit à l'orient de cette terre, gravit une montagne et découvrit d'autres sommets dont plusieurs lançaient de la fumée ; mais il ne vit aucune trace d'habitations, et ne put savoir, comme Pythéas, si cette terre était île ou continent.

Il baptisa le pays du nom de *Snœland* (Terre de Neige). Cependant, de retour en Norvège, il en vanta beaucoup les richesses, la verdure et le climat[1].

En 795, c'est-à-dire soixante-cinq ans avant le voyage de Naddod, les Irlandais avaient visité, peut-être colonisé l'Islande, surtout les cantons de Papeya et de Papyli, sur la côte orientale. Ils portaient le nom de *Papœ* ou *Papars*, « hommes d'occident professant la religion chrétienne ». « Ce qui prouve leur séjour dans cette contrée, » disent les chroniqueurs, « c'est que nous y avons trouvé des livres irlandais, des sistres, des clairons et autres objets. Les livres anglais, » ajoute la saga d'Olaf Tryggvason, « prétendent même que la navigation fut jadis très-fréquente entre l'Angleterre et l'Islande[2]. »

Ce fait est confirmé par Dicuil, écrivain du commencement du ixe siècle. Après avoir fait la description de *Thile*, qu'il confond avec l'Islande, « deux clercs, » dit-il, « m'ont raconté, il y a trente ans, qu'ils avaient séjourné dans cette île des Kalendes de février au Kalendes d'août[3] ». Humboldt pense que les *Papœ* des Sagas sont les *clerici* de Dicuil[4].

Deux ans après le voyage de Naddod, le suédois Gardar, fils de Svafar, se rendait aux Hébrides. Dans le golfe de Petland il fut pris par les vents et porté sur les côtes d'Islande. Il fit le tour de cette île, y remarqua de grandes forêts[5] entre les montagnes et la mer, construisit des baraques et passa l'hiver dans la baie d'*Husavika* (baie des maisons). Il repartit au printemps pour la Suède, laissant dans l'île, par suite d'un accident de mer, Hattfar, un esclave et une serve. Il remplaça le nom de *Snœland* par celui de *Gardarsholm* (île de Gardar)[6].

Floki-Rafna, pirate célèbre, qui croyait descendre de Goa, sœur de Nor, le fondateur mystique du royaume de Norvége[7], partit des Feroë dans l'intention de retrouver Gardarsholm et d'y fonder une colonie. Il avait pour compagnons Herjolf, Thorolf et un suédois du nom de Faxi. Dans le golfe de Smïorsund, il célébra un grand sacrifice et consacra trois corbeaux, comme les marins du Nord le faisaient habituellement quand leur intention était de naviguer au hasard de la vague et des vents.

Il se rendit aux Shetland, de là aux Feroë et prit enfin la pleine mer. Quand il se crut dans le voisinage de Gardarsholm, il lâcha les oiseaux. Le premier s'éleva, chercha un instant sa route et partit dans la direction des

Feroë. Le second vola quelque temps et revint au navire. Le troisième se dirigea au nord-ouest. Floki le suivit, découvrit la terre, en parcourut longtemps les côtes et débarqua dans le golfe de Vatnsfjord, qu'il trouva très-poissonneux. Son équipage y vécut dans l'abondance, mais il négligea d'approvisionner de l'herbe, et l'hiver, qui fut très-rigoureux, emporta tout son bétail.

Il avait profité des loisirs de l'hiver pour gravir une montagne et se faire une idée de la topographie du pays. La mer lui parut couverte déglaces flottantes, la terre bouleversée par les feux intérieurs, percée de fontaines d'eau bouillante, couverte en partie de neiges éternelles, agitée sans cesse de convulsions terribles : il jugea que les dieux eux-mêmes la condamnaient à une stérilité perpétuelle. Il lui donna le nom d'*Iceland* (Terre de Glace), dont nous avons fait improprement *Islande*.

L'impression pénible produite sur lui par ce tableau et par la perte de son bétail le firent renoncer à son projet. Au printemps il se remit en route pour la Norvége.

À son retour, il peignit l'Islande des plus sombres couleurs. Herjolf assurait, au contraire, qu'elle avait autant de bon que de mauvais. Pour Thorolf, c'était une terre ensoleillée, fleurie, féconde, « où les plantes distillaient du beurre[8] ».

Sa version prévalut sur celle de ses compagnons. Bientôt il ne fut bruit dans le Nord que d'une contrée nouvelle dont le ciel était bleu, l'hiver sans frimas, les coteaux couverts de feuillages, les eaux remplies de saumons et de baleines. On en faisait une terre bénie des dieux, « où l'homme pouvait vivre libre de la tyrannie des rois et des seigneurs ».

Quelques années plus tard. Ingolf, jarl et pirate de renom, résolut de quitter la Norvége. Il avait eu pour Helga, fille d'Ormis, deux de ces terribles duels comme on n'en voyait que dans les pays scandinaves.

Il envoya d'abord quelques hommes, avec l'un de ses grands navires, à la recherche de l'île merveilleuse vue par Floki-Rafna. Cette île fut retrouvée, explorée. L'équipage y passa l'hiver et reconnut que les terres du midi étaient meilleures que celles du nord.

Pendant cette reconnaissance, Ingolf épousait Helga et son frère d'armes, Hjorleif, enlevait sur les côtes de l'Irlande dix esclaves et un immense butin[9].

Bien qu'il fut enragé corsaire et que, pour une femme il ait tué ou fait tuer bon nombre d'hommes, Ingolf était très-pieux et fortement attaché aux croyances religieuses de son siècle. Hjorleif se moquait des dieux, ne croyait, comme beaucoup d'autres guerriers, qu'à la puissance de son bras et de son épée.

Ingolf ne voulut pas quitter la terre norvégienne sans consulter l'oracle et prendre sur son navire les colonnes sacrées de la demeure qu'il abandonnait.

En approchant de l'Islande, il mit à l'eau ces colonnes et fit vœu de fixer sa demeure dans la contrée même où le flot les porterait.

Il atterrit au sud-est, à l'endroit appelé depuis, disent les chroniqueurs, Ingolfshofdi.

Hjorleif aborda plus à l'ouest, à Hjorleifshofdi, choisit un emplacement pour son habitation et des terres propres à la culture.

Ses esclaves s'irritèrent de tirer la charrue quand il gardait un bœuf à ne rien faire et résolurent de l'assassiner. Dans ce but, ils se défirent du bœuf et dirent qu'un ours l'avait tué dans le bois. Comme ils l'avaient prévu, Hjorleif se rendit aussitôt avec quelques hommes à l'endroit indiqué. Les esclaves prirent leur temps, entourèrent la petite troupe sans défiance et regorgèrent impitoyablement. Ce crime consommé, ils enlevèrent les femmes des morts, dévalisèrent la maison et mirent à la voile pour l'île Westman Oerne.

Les serviteurs envoyés par Ingolf à la recherche des colonnes sacrées de sa maison arrivaient en ce moment à Hjorleifshofdi. Ils portèrent de suite à leur maître la nouvelle de l'horrible drame. Ingolf, qui n'a pas l'air de croire qu'un homme a toujours le droit de tuer le scélérat qui le réduit en esclavage, s'écrie dévotement : « Quelle triste destinée pour un si vaillant homme de périr sous le fer de vils esclaves ! mais tel sera toujours le sort de ceux qui ne sacrifient pas aux dieux ».

Loin de s'en tenir à ces stériles lamentations, il se rend sur le lieu du crime, ensevelit pieusement les morts, puis vole à l'île Westman Oerne qu'il aperçoit à peu de distance. Les assassins, surpris au milieu de réjouissances, prennent la fuite dans toutes les directions. Vainement. Tous tombent en son pouvoir et ceux qui ne périssent pas par le fer sont précipités du haut d'une falaise.

Il ramène les femmes des morts, passe quelque temps auprès d'elles et retourne à sa demeure.

La troisième année de son séjour dans l'île, les colonnes de sa maison furent retrouvées, au sud-ouest, dans la baie qui porte aujourd'hui le nom de Faxe-Fjord. Cette position était beaucoup moins favorable que celle d'Ingolfshofdi, outre qu'il ne pouvait y transporter sa demeure sans perdre le fruit de ses travaux. Il ne voulut pas cependant manquer de parole aux dieux. Son nouvel établissement a donné naissance à Reykiavik, la modeste capitale de l'Islande[10]. Dans le midi, sur la cîme de l'Ingolfsfiaell, on montre encore, dit Humboldt, le tombeau du fondateur de la colonie islandaise. Près du Kielarnas, se trouvent les ruines d'une maison construite, en 888, par l'un de ses fils[11].

Dix ans après l'arrivée d'Ingolf, la guerre civile portait en Islande un flot d'émigrés norvégiens.

En 885, après la mémorable bataille de Hafursfjord[12], qui mit aux mains de Harald Haarfager (aux beaux cheveux) les destinées de la Norvège, beaucoup de familles nobles, qui jusqu'alors avaient conservé leurs titres ou l'espoir de les reconquérir, ne voulurent pas courber la tête et vinrent demander à l'Islande une liberté qu'elles ne trouvaient plus dans leur patrie[13]. D'autres se répandirent en même temps sur les côtes de France, d'Angleterre et d'Espagne, dans la Méditerranée, d'autres encore pénétrèrent dans la mer Blanche, remontèrent la Dwina, fondèrent Novogorod, prirent Kief, assiégèrent Constantinople, gravèrent leurs caractères runiques au Pirée, sur l'un des lions dont Morosini enrichit l'arsenal de Venise[14].

Dès 930, toutes les parties habitables de l'île furent occupées. Une république basée sur les institutions civiles et religieuses de la Norvège y prospéra jusqu'en 1261, époque où elle passa sous la domination des rois de Norvége. Ainsi, comme le dit Malte-Brun, « le génie puissant de la liberté et le génie non moins puissant de la poésie ont fait briller les forces de l'esprit humain aux derniers confins de l'empire de la vie[15] ».

Le sentiment qui avait déterminé l'immigration perpétua la fierté des caractères et le goût des grandes aventures. La situation géographique de la colonie, la fréquence des relations avec la mère-patrie firent aussi étudier avec persistance l'art de la navigation et l'astronomie nautique.

Au IXe siècle, la langue danoise, aussi appelée nordike ou langue du nord, avait atteint sa perfection. Elle était souple, énergique, richement développée. « En l'étudiant aujourd'hui, » dit M. X. Marmier, « on est étonné de ses combinaisons grammaticales, de son allure franche et hardie, de son habileté à rendre les nuances les plus délicates de la pensée et de son accentuation à la fois douce et sonore. Elle n'a ni les syllabes dures des langues germaniques, ni le sifflement perpétuel de l'anglais. Sa construction est simple, assez semblable à la nôtre, et cependant plus libre[16] ».

Autant par fierté que par suite de leur isolement, les Islandais l'ont conservée dans toute sa pureté. On la parle encore dans l'intérieur de l'île « comme on la parlait au temps d'Ingolfr ». Il n'y a peut-être pas un berger qui ne comprenne les livres des *Eddas* et des *Sagas*[17].

Le clergé islandais peut refuser de marier une femme lettrée. Pas un enfant ne peut être admis au sacrement de confirmation s'il ne sait lire et écrire. C'est ce qui fait que les paysans sont généralement instruits. Les maisons étant trop distantes l'une de l'autre, l'enfant ne peut être envoyé à l'école, et c'est de sa mère qu'il apprend tout, aussi bien la lecture et l'écriture que la morale et la religion[18].

L'épanouissement de la littérature islandaise, la rédaction des annales et des chants de l'Edda remontent au XIIe et au XIIIe siècle. Tandis que l'Europe septentrionale, au milieu de guerres stériles et insensées, détruisait ses plus anciennes traditions, ces traditions étaient recueillies pieusement et conservées à la postérité « dans un pays perdu, aux extrémités du monde, dans cette île formée de lave et de glace, de neige et de soufre, de cratères et de glaciers, qu'on appelle l'Islande[19] ». C'est dans sa précieuse collection qu'il faut maintenant chercher la trace la plus authentique des gestes et croyances de l'ancienne Scandinavie ; c'est en fouillant dans cette collection qu'on a trouvé l'une des plus belles pages de l'histoire des Normands : *La découverte de l'Amérique au xe siècle.*

1. ↑ *Islands Landnamabok*, pars I, cap. 1, pp. 5, 6. — *Historia Olavi Tryggvii filii*, pars I, cap. 113, p. 261.
2. ↑ *Islands Landriamabok, prologus*, p. 11. — *Historia Olavi Tryggvii filii*, pars prior, cap. 110, p. 260. — Rafn, *Antiquitates americanæ sive scriptores septentrionales rerum ante-colombianarum in America.* Hafniæ, 1837, pp. 204-206. — Humboldt, *op. cit.*, t. II, pp. 90, 91. — M. Brasseur de Bourbourg, *Popol Vuh. — Le livre sacré et les mythes de l'antiquité américaine, avec les livres héroïques et historiques des Quichés.* Dissertation, etc., pp. LIII, LIX, LXI. Paris, Bertrand, 1861.
3. ↑ Dicuil, *op. cit.*, p. 29.
4. ↑ Humboldt, *op. cit.*, t. II, p. 91.
5. ↑ De grandes forêts en occupaient jadis les vallées méridionales. Elles furent malheureusement dévastées. On n'y trouve maintenant que quelques bois de bouleau et beaucoup de broussailles (Malte-Brun, *op. cit.*, liv. CIII, t. V, p. 50. — Horrebrows, *op. cit.*, t. I, pp. 115-121).
6. ↑ *Islands Landnamabok*, pars I, cap. 1, pp. 6, 7. — *Historia Olavi Tryggvii filii*, pars prior, cap. 114, pp. 261, 262.
7. ↑ Wheaton, *op. cit.*, ch. 11, pp. 23, 24.
8. ↑ *Islands Landnamabok*, pars I, cap. II, pp. 7-10. — *Historia Olavi Tryggvii filii*, pars I, cap. 115, pp. 262, 263.
9. ↑ *Islands Landnamabok*, pars I, cap. V, pp. 12, 13.

10. ↑ *Islands Landnamabok,* pars I, cap. III, IX, pp. 10-19. — *Historia Olavi Tryggvii filii,* pars prier, cap. 116, 117, pp. 266-268. — Wheaton, *op. cit.,* ch. II, pp. 26-28.
11. ↑ HUMBOLDT, *op. cit.,* t. II, p. 92.
12. ↑ Maintenant Stavanger, sur la mer du Nord.
13. ↑ SNORRE STURLESONS, Heimskringla, t. I, *Haralds Saga ens Aarfagra,* cap. XX.
14. ↑ RAFN, *Inscription runique du Pirée,* in-8, Copenhague, 1856, cité par M. Gaffarel. — Depping, *op. cit.,* pp. 315-319. — HUMBOLDT, *op. cit.,* t. II, p. 86.
15. ↑ MALTE-BRUN, *op. cit.,* liv. CIII, t. V, p. 43.
16. ↑ M. X. MARMIER, *Lettres sur l'Islande,* 4e édit., Paris, Bertrand, 1855, pp. 312 et seq.
17. ↑ « Un jour, à Reykiavik, la fille d'un pêcheur, qui avait coutume de venir, chaque semaine, nous apporter des oiseaux de mer et du poisson, entra dans ma chambre et me trouva occupé à étudier la Saga de Nial. « Ah ! je connais ce livre, me dit-elle, je l'ai lu plusieurs fois quand j'étais enfant. » Et, à l'inatant, elle m'en indiqua les plus beaux passages. Je voudrais bien savoir où nous trouverions, en France, une fille de pêcheur connaissant la Chronique de Saint-Denis. — M. X. Marmier, *op. cit.,* pp. 235, 236 ».
18. ↑ HORREBOWS, *op. cit.,* t. II, pp. 128-130. — MALTE-BRUN, *op. cit.,* liv. CIII, t. V, pp. 52, 55. — M. X. MARMIER, *op. cit.,* pp. 73-90.
19. ↑ HUMBOLDT, *Cosmos,* trad. Galusky ; Paris, Gide et Baudry, 1848, t. II, p. 290. — AMPÈRE, *Littérature et voyages.* — *Littérature danoise,* §I, p. 94.

CHAPITRE IV.

883-985.

DÉCOUVERTE DU GROENLAND.

Gunnbjorn découvre les côtes orientales du Groenland. — Légende d'Hollur Geit. — Légende rapportée par Adam de Brême. — Erik le Rouge retrouve la terre vue par Gunnbjorn. Repoussé par la rigueur du climat, il descend au sud et s'établit à l'occident. — Construction de Brattahlida. Aspect de la contrée. — Retour en Islande. Il donne au pays le nom de *Terre-Verte*. — Une colonie républicaine est fondée sur la côte occidentale du Groenland.

ES Scandinaves, emportés à l'occident par une puissance irrésistible, ou plutôt par leur amour des grandes aventures et du merveilleux, ne devaient pas tarder à reprendre leur marche en avant. L'Islande, comme les Orcades et les Feroë, devait leur servir de station intermédiaire pour atteindre la « Scandinavie américaine ». C'est ainsi, dit Humboldt, que l'établissement de Carthage servit aux Tyriens pour atteindre le détroit de Gadira et le port de Tartessus et que Tartessus conduisit ce peuple voyageur de station en station à Cerné, le *Gauléon* (île des vaisseaux) des Carthaginois[1].

En 877, trois ans après l'arrivée d'Ingolf en Islande, Gunnbjorn découvrit les blanches cîmes qui bordent la marge orientale du Groenland et donna son nom à quelques rochers voisins du cercle polaire[2].

On racontait alors sur ce pays les choses les plus étranges et les plus effrayantes. Hollur Geit prétendait y être allé de Norvége, sur les glaces, avec une chèvre, et disait y avoir vu des chênes chargés de glands gros comme des hommes, des géants et des rochers de glace qui brisaient les navires au passage[3]. Ces récits, vrais seulement en ce qui concerne les glaces, s'étaient, en peu de temps, comme tout ce qui est absurde, solidement implantés dans les esprits.

Au XIe siècle, Adam de Brême disait encore : « Au-delà de Thylé, on ne trouve plus de terres habitables. Un océan de glace, couvert de profondes ténèbres, gît à un jour de navigation de cette île. Récemment, Harold, prince des Normands, tenta d'explorer, avec quelques navires, les régions les plus septentrionales. Il vit les bornes du monde dissimulées par des ténèbres et faillit se perdre dans les profondeurs de l'abîme qui s'ouvrait devant lui[4] ».

Erik, le Rouge, exilé d'Islande en 883, pour un meurtre, ne s'arrêta point à ces récits et se lança dans la direction des terres entrevues par Gunnbjorn. Il retrouva la côte orientale du Groenland par le 64e degré de latitude nord et donna le nom de Midjokul (montagne au milieu des glaces) au lieu de son atterrissage[5].

Il vit un véritable amas de rochers entremêlés d'énormes blocs de glace, image de l'hiver et du chaos. Ces glaces descendent incessamment à la mer, s'unissent aux ice-bergs poussés par les courants du nord-est, forment cette bordure large et d'une beauté sinistre qui interdit aux navires l'approche des terres.

La rigueur du climat et la stérilité du sol semblent en avoir toujours éloigné les Européens. Cependant, de 1828 à 1830, le capitaine Graah, de la marine danoise, trouva sur cette côte six cents indigènes qui lui parurent appartenir à la race européenne[6].

Erik ne s'y arrêta pas, descendit au sud, doubla le cap Farewell et vint se fixer dans le fjord d'Igalikko, qu'il appela Eriksfjord, dans l'espoir de perpétuer le souvenir de son nom.

Il commença la construction de Brattahlida, vaste bâtiment dont un rocher formait l'une des parois, et s'y installa en 886[7]. M. Jorgensen a retrouvé les ruines de ce bâtiment et les compare, pour l'étendue, à celles d'une ville entière. Elles accusent, dit-il, un travail immense[8].

La contrée se présentait sous un aspect beaucoup plus favorable que les côtes du levant. Malgré le nom sinistre de *Terre de désolation* que lui donna John Davis au mois de juin 1585, ses vallées produisaient de l'herbe en quantité suffisante pour nourrir de nombreux troupeaux ; c'est du moins ce que semblent indiquer les ruines que l'on découvre sur toute la longueur du fjord. Les montagnes sont couvertes de mousse du côté du nord ; leurs versants méridionaux produisent de très-bonnes herbes, des oseilles et d'autres baies en abondance. Des saules et des bouleaux peu élevés y montrent leur maigre feuillage. Non loin de Julianashaab[9], un bois de bouleau couvre une vallée, mais les arbres les plus hauts ne dépassent pas six mètres. On cultive les choux et les navets près des colonies danoises[10]. Tous les habitants aisés ont des vaches. « Danois, sang-mêlés, Groënlandais, peuvent boire du lait toute l'année ». Mais les environs de Julianashaab ne produisent qu'une herbe courte et l'on doit aller au sommet du fjord chercher celle nécessaire à la nourriture des bestiaux pendant l'hiver. Igalikko (le fjord des maisons abandonnées), large de trois à huit kilomètres, est une des indentations nombreuses qui donnent à cette côte un caractère si particulier. « Contrairement aux fjords de Norvège, ceux du Groenland sont presque tous envahis par des glaciers, dont les progrès continus ont grandement changé l'aspect du pays depuis que les Normands l'appelèrent d'un nom qu'il ne mérite guère aujourd'hui. La « Terre-Verte » du temps d'Eric n'est plus que la « Terre de Désolation » du marin Davis[11] ».

En quittant les côtes de l'Islande, Erik avait promis à ses amis de les venir chercher s'il trouvait une terre habitable. Il tint parole. Et comme il désirait emmener le plus de monde possible, il appela sa nouvelle patrie Groenland (Terre Verte). « Si cette contrée porte un beau nom, disait-il, les hommes se décideront plus facilement à la venir « habiter[12] ».

Il pensa juste. L'année même de son retour à Brattahlida, trente-cinq navires islandais mirent à la voile pour le Groenland. Quatorze arrivèrent à destination, mais les autres furent, partie engloutis dans les flots, partie rejetés sur les côtes de l'île. Les personnes bien informées prétendent, disent les chroniqueurs, que ces faits eurent lieu quinze hivers avant l'établissement légal du christianisme en Islande[13].

Ce dernier événement est fixé à l'an 1000[14] ; le second départ d'Erik le Rouge remonte en conséquence à l'an 985.

Un nouvel état indépendant prit ainsi racine à la limite extrême du monde habitable, par 64° 44' soit à 5° 48' du cercle polaire arctique. Il emprunta la constitution républicaine de l'Islande.

Sa population s'accrut aussi rapidement que le permettait la rigueur du climat. Dès 1121, Gardar, sa capitale, devint le siège d'un évêché qui survécut à la découverte des Antilles par Christophe Colomb.

En 1261, le Groenland se reconnut vassal de la couronne de Norvége.

1. ↑ HUMBOLDT, *Examen critique*, t. II, p. 91, 92.
2. ↑ THORMODUS TORFÆUS, *Gronlandia antiqua seu Veteris Gronlandiœ descriptio, ubi Cœli marisque natura, terrœ locorum et villarum situs, animalium terrestriam aquatiliumque varia genera, Gentis origo et incrementa, status Politicus et Ecclesiasticus, gesta memorabiliaet vicissitudines, ex Antiquis memoriis, prcecipiue Islandicis, quâ fieri potuit industrià collecta exponiintur.* Havniæ, 1706, cap. II, pp. 4-9.
3. ↑ TH. TORFÆUS, *Gronlandia antiqua*, pp. 25, 26.
4. ↑ ADAM. BREMEN., *op. cit.* cap. 246, pp. 151, 152.
5. ↑ *Islands Landnamabok*, pars. II, cap. XIV, pp. 101, 102. — *Historia Olavi filii*, pars, posterior, cap. 220, pp. 200, 201. — RAFN, *Antiquitates americanœ.* pp. 10-14. — TH. TORFÆUS, *Gronlandia antiqua.*, cap. III, pp. 9-14.
6. ↑ MALTE-BRUN, *op. cit.* liv. CIII, t. V, p. 43.
7. ↑ *Islands Landnamabok*, pars. II, cap. XIV, p. 104. — TH. TORFÆUS *Gronlandia antiqua*, cap. III, pp. 15, 16.
8. ↑ La maison de Brattahlida fut successivement habitée par Leif le Fortuné et Thorkel, fils et petit-fils d'Erik. Elle servit de résidence aux *logmen* pendant toute la durée de la colonie. C'est dans cette maison, en

1007, que Thorfinn Karlsefn épousa Gudrida, fille de Thorbjorn, et que ce couple célèbre résolut son voyage de découverte au Vinland. (*Mémoires de la Société royale des Antiquaires du Nord*, 1845-1849, pp. 131, 132).
9. ↑ *Julie-Espérance,* nom d'une reine de Danemark.
10. ↑ MALTE-BRUN, *op. cit.,* liv. CIII, t. V, p. 39.
11. ↑ *La terre de Désolation,* par ISAAC J. HAYES, 1869, ap. *Tour du Monde,* t. XXVI, 652e liv. p. 8.
12. ↑ *Islands Landnamabok,* pars. II, cap. XIV, pp. 102, 103. — *Historia Thorfinni Karlsefnii,* ap. RAFN, pp. 93-95. — *De habitatione Gronlandiœ,* ap. RAFN, p. 207. — TH. TORFÆUS, *Gronlandia antiqua,* cap. II, p. 15.
13. ↑ « Religio christiana legibus in Islandia recepta fuit anno 1000, itaque h. i. Eiriki in Grœnlandiam demigratio refertur ad annum 985. » (Particula de Eiriko Rufo, p. 14, note b.) — *De habitatione Grœnlandiœ,* p. 208. — *Historia Olavi Tryggvii filii,* pars post., cap. 220, p. 202.
14. ↑ *Particula de Eirico Rufo,* ap. RAFN, p. 14. — *Islands Landnamabok.* pars. II, cap. XIV, p. 103. — Dans ce dernier ouvrage, à la p. 103, et dans l'*Historia Olavi Tryggvii filii,* pars, post., cap. 220, pp. 201, 202, on lit : *vigenti quinque naves* au lieu de : *tres navium decurias cum dimidia* qu'il y a dans les *Particula*. À cela près, ces diverses chroniques sont identiques pour le fond.

CHAPITRE V.

986.

BJARN HERIULFSON.

Il vient en Islande pour passer l'hiver avec son père. — En apprenant que celui-ci est en Groenland, il part à sa recherche. — Dangers de la navigation dans l'Océan boréal. — Catastrophe de la *Lilloise*. — Bjarn, emporté par les vents et les courants, découvre les côtes de l'Amérique. — Il remonte au nord en suivant les côtes et trouve la résidence de son père.

ARMI les compagnons d'Erik se trouvait un nommé Heriulf, venu en Islande avec Ingolf, son parent, qui lui avait donné de vastes terrains entre Vogan et Reykianes. Il avait un fils, du nom de Bjarn, jeune homme fort habile et de

beaucoup d'espoir. Dès sa première jeunesse, Bjarn avait trafiqué avec son père dans les diverses contrées maritimes du Nord. Il naviguait seul depuis quelque temps, mais il venait chaque année passer l'hiver dans la maison paternelle[1].

Il quitta la Norvége en 986 pour venir en Islande. En apprenant que son père est avec Erik, dans un pays inconnu situé à l'ouest, il ne décharge pas son navire et se dispose à reprendre la mer. Loin de se dissimuler les dangers de son entreprise, il dit aux marins qui devaient l'accompagner : « Ce voyage est insensé, car aucun de nous n'a vu l'océan groenlandais[2] ».

Cet océan était sous leurs yeux. La curiosité, les hasards de la pêche les avaient poussés plus d'une fois au nord et à l'ouest. Ils avaient vu les glaces s'amonceler, s'échelonner à l'infini, affecter les formes les plus mobiles et les plus fantastiques, revêtir cette teinte bleue, veloutée, limpide, qui ternit l'azur du ciel et l'émeraude de la vague ; ils avaient vu d'énormes glaçons, emportés par les courants, glisser près de leurs côtes et parfois s'y fixer ; ils connaissaient ce flot violent qui bravait leurs efforts, ce ciel brumeux qui leur cachait les étoiles. Pas un cependant ne recula. On est confondu de tant d'audace.

Aujourd'hui même, avec leurs connaissances nautiques, leur habileté consommée, leurs instruments de précision, leurs solides et savantes constructions, nos marins ne s'aventurent pas sans péril dans ces parages.

C'est sur la côte orientale du Groenland que disparut *La Lilloise* ; c'est là que Jules de Blosseville fut moissonné à la fleur de l'âge, que la France perdit en sa personne l'un des hommes qui devaient le plus contribuer à sa gloire scientifique et maritime ; c'est là que périrent, avec ce noble enfant de Rouen, Lepelletier d'Aulnay, Rulhière, Lieutier, Garnier, Lancrenon, — tous jeunes, pleins de savoir, de courage et d'avenir, — et Defrance, le fameux pilote dieppois, dont M. le marquis de Blosseville rappelle souvent le nom avec honneur.

Dans ces parages, aux environs de la *Terre de Blosseville*, vers le 69° degré de latitude nord, Scoresby a vu deux murs de glace broyer instantanément un navire dont la pointe du grand mât, restée seule debout, lui fit l'effet d'une croix sur un tombeau.

Outre ces difficultés, Bjarn avait les données les plus vagues sur la situation du Groenland et ne pouvait se diriger que sur la lumière des étoiles[3].

D'après la Saga d'Erik le Rouge, il aurait eu bon vent pendant les trois premiers jours de sa navigation. S'il en est ainsi, il ne put résister au courant polaire, parce qu'il lui fallait à peine trois jours pour aller de l'Islande au Groenland. Survinrent ensuite un brouillard très-intense[4] et des vents du nord assez vifs qui le ballottèrent « plusieurs jours et plusieurs nuits ».

Quand le soleil reparut, qu'il put « consulter les plaines du ciel, » il vit à l'horizon se détacher, comme un nuage bleu, la silhouette d'une terre inconnue. Il s'en approcha ; la trouvant couverte de forêts, sillonnée de petites collines, ce n'est pas, dit-il, le pays que nous cherchons, « car on assure que les montagnes du Groenland sont hautes et couvertes de glace. »

Mettant le cap au nord, il découvre, après un jour et une nuit de navigation, un terrain uni, planté d'arbres, où les marins désirent aborder pour renouveler les provisions de bois et d'eau. « Nous nous en passerons bien, » répond Bjarn, et le hardi capitaine fait prendre la haute mer. Après trois jours de marche par un vent du sud-ouest, il arrive en vue d'une île coupée de glaciers. Elle lui « paraît stérile ». Après encore deux jours et deux nuits[5] de navigation en pleine mer, par un très-bon vent, il reconnaît une autre terre qui projette, sur un ciel sombre, les blanches cîmes de ses hautes montagnes. C'était le Groenland[6].

On ne peut déterminer avec certitude les parties de côtes qu'il a vues ; mais les circonstances du voyage, le rumb des vents, la direction des courants, la distance présumée qui sépare chaque station permettent de croire que ce sont celles de la Nouvelle-Angleterre, de la Nouvelle-Écosse, de Terre-Neuve et probablement du golfe du Maine[7].

Vers 994, Bjarn faisait devant Erik, puissant jarl norvégien, le récit de sa navigation. Ce seigneurie blâma de n'avoir pas mieux examiné les pays dont un heureux accident de mer lui avait offert la découverte.

1. ↑ SNORRE STURLESONS, *Heimskringla*, t. I, Saga af Olafi Konungi Tryggvasyni, cap cv, p. 304. — MALLET, *Introduction à l'histoire du Dannemarc*, t. I, p. 241. — *Islands Landnamabok*, pars ii, cap. xiv, pp. 103, 104.
2. ↑ SNORRE STURLESONS, *Heimskringla*, t. I. Saga af Olafi, cap. cv, pp. 304-306. — THORMODUS TORFÆUS, *Historia Vinlandiæ antiquæ, seu partis Americæ Septentrionalis iibi nominis ratio recensetur, situs terræ ex dierum brumalium spatio expenditur, soli fertilitas et incolarum barbaries, peregrinorum temporarius incolatus et gesta, vicinarum terrarum nomina et facies ex Antiquitatibus Islandicis in lucem producta exponuntur*. Havniæ, 1705, pp. 1, 2.
3. ↑ Le docteur Hayes a visité avec beaucoup de soin les importantes ruines de Krakortok. Il a été frappé de la minutieuse exactitude de l'orientation de l'église et des autres monuments sacrés du voisinage. Il en conclut que les vieux Normands, qui observaient avec attention les mouvements des corps célestes, doivent avoir connu le nord vrai (*La Terre de Désolation*, ap. *Tour du Monde*, t. XXVI, 652e liv., p. 11.
4. ↑ À l'orient de Terre-Neuve et de la Nouvelle-Écosse gît, surtout pendant les chaleurs, une atmosphère si dense que le ciel et l'horizon restent absolument invisibles au navigateur. Aucune observation n'est possible. On n'a pour se conduire que la sonde et des calculs que les courants, très-variables, rendent incertains.
5. ↑ M. E. Beauvois traduit : « Au bout de trois jours, ils aperçurent une quatrième terre...... » (*Découvertes des scandinaves en Amérique du dixième au treizième siècle, fragments de Sagas Islandaises traduits pour*

la première fois en français. Paris, Challamel, 1859, p. 12, tirage à part de la *Revue Orientale et Américaine*). Rafn traduit : « *Sic cum biduum et binoctium navigassent, quartam terram conspexerunt* ». (*Antiquitates Americanœ*, p. 24).

6. ↑ *Particula de Eiriko Rufo*, ap. RAFN, pp. 17-25. — SNORRE STURLESONS, *Heimskringla*, t. I, *Saga af Olafi*, cap. CV, pp. 304-306. — TH. TORFÆUS, *Historia Vinlandiœ Antiquœ*, pp. 1-3.

7. ↑ KOHL, *A history of the discovery of the east of Maine*, 2 d. series, 1 th. vol. of the *Documentary history of the State of Maine*. Published by the Maine Historical Society. Portland, 1869, p. 63. — RAFN, *Mémoire sur la découverte de l'Amérique au dixième siècle*. Copenhague, 1843, pp. 15-19.

DEUXIÈME PARTIE.

—

LES ENFANTS D'ÉRIC LE ROUGE.

CHAPITRE I.

1000-1001.

LEIF LE FORTUNÉ.

Leif à la cour d'Olaf Tryggvason. — Il se fait baptiser et revient en Groenland avec un prêtre norvégien. — Il achète le navire de Bjarn. — Erik ne peut l'accompagner. Découverte du Helluland, du Markland, du Vinland. — Leifsbudir. — Prise de possession. — Excursions. — Un allemand trouve du raisin. La nouvelle contrée est nommée Vinland. — Retour — Sauvetage de Thorer et de Gudrida. — Introduction du christianisme en Groenland.

RIK le Rouge avait eu deux fils de sa femme Thorhilda : Thorstein et Leif. Ils donnaient l'un et l'autre de grandes espérances.

Thorstein restait habituellement près de son père.

Leif était de haute taille, robuste, beau, prudent et modéré[1]. On peut ajouter qu'il aimait les longues courses en mer et rêvait la gloire qui s'attache au nom des découvreurs.

Vers la fin du xe siècle, il se trouvait à la cour de Norvége[2]. Olaf Tryggvason régnait alors. Chrétien depuis peu et plein de zèle, il s'efforçait, par des tournées apostoliques, de remplacer les autels d'Odin par des temples à sa divinité nouvelle. Malheureusement, comme cela s'est trop vu, il demandait à l'épée les conversions qu'il ne pouvait obtenir par la parole[3]. Reconnaissant en Leif un homme instruit et résolu, il l'estima beaucoup, le traita très-gracieusement, et mit tant de persistance et d'onction à lui prêcher la « bonne nouvelle « que le jeune homme finit par se faire baptiser avec tout son équipage[4].

Au printemps de l'an 1000, Olaf fit prêcher le christianisme en Islande par Gissur le Blanc et Hjalti Skeggeson. Déjà plusieurs missionnaires avaient parcouru cette île ; mais moins prêtres que pirates, maniant mieux et plus volontiers l'épée que la parole, ils s'étaient fait chasser pour quelques meurtres. Olaf, furieux de leur insuccès, annonça qu'il mettrait à mort tous les Islandais en son pouvoir si l'île ne se convertissait pas à la voix des deux nouveaux apôtres.

Ces moyens de persuasion, qui se reproduisent toujours et partout, brutalement ou hypocritement, selon les temps et les lieux, eurent ici peu d'effet. Mais Gissur et Hjalti, plus habiles que leurs prédécesseurs, conquirent pacifiquement l'Islande au christianisme.

Peu de temps après le départ des deux apôtres, Olaf chargea Leif d'une mission semblable pour le Groenland et le fit accompagner par un prêtre et quelques hommes *sacri ordinis*[5].

Depuis le voyage de Bjarn, les Groenlandais se préoccupaient beaucoup des pays aperçus au sud-ouest. Leif entra dans leurs vues, acquit le vaisseau de Bjarn, enrôla trente-cinq hommes et pria son père de commander l'expédition « parce qu'on se fiait beaucoup à sa prudence et à sa fortune ». Erik prétendit que son grand âge ne lui permettait plus d'affronter les fatigues de la mer. Vaincu par les instances de son fils, il finit cependant par accepter.

Les rites odiniques donnaient à croire qu'on jouissait dans le Valhalla des richesses mises en terre. Erik, ne comptant plus sur de longs jours, eut soin de cacher de l'or et de l'argent, puis se rendit à cheval au lieu d'embarquement. Sa monture s'étant abattue, il se fit, en tombant, une grave blessure. « La Fortune, » dit-il alors, « ne me permet point « de nouvelles découvertes ; nous ne ferons pas plus longtemps route ensemble ». Il reprit le chemin de sa demeure et dit à Thorhilda « de déterrer ses richesses, parce « qu'il avait perdu sa peine à les cacher[6] ».

Leif, avec ses trente-cinq hommes, sans autre moyen de direction que les étoiles et les souvenirs de Bjarn, qui l'accompagnait, confia sa fortune aux caprices de l'Océan. Il se dirigea sur la dernière terre vue par son compagnon, la retrouva, jeta l'ancre et débarqua. Ainsi que l'observe Kohi, il ne s'agissait plus du voyage d'un fils à la recherche de son père, mais d'un véritable voyage de découverte.

Leif vit une contrée unie, pierreuse, désolée, fermée à l'horizon par des montagnes de glace, et lui donna le nom de Helluland (Terre Pierreuse). Dans cette plaine, dit M. d'Avezac, « l'érudition moderne a cru reconnaître Terre-Neuve[7] ».

Quelques jours après, le fils d'Erik mit le cap au sud-ouest, sur la seconde terre que Bjarn avait signalée. La côte en est basse et forme des monticules de sable très-blancs, derrière lesquels d'immenses forêts étaient des dômes de verdure remplis de chants d'oiseaux. Il l'appela *Markland* (Terre Boisée). C'est notre Acadie, devenue la Nouvelle-Écosse des Anglo-Saxons[8].

Il reprit la mer et atteignit, en deux jours, par un bon vent de nord-est, une île « près de laquelle une péninsule s'avançait à l'est et au nord, comme on voit aujourd'hui « le cap Cod dépasser au nord-est l'île Nantucket[9] ». Il s'engage dans le détroit, peu large, qui sépare la terre ferme des îles Nantucket et Martha's Vineyard. Les deux rives en sont basses et couvertes de grandes pierres plates[10].

Il entre dans la baie de Rhode-Island, longe l'île du même nom, et, sans attendre la haute mer, remonte Pocasset-River, qui sort du Mount-Haup Bay.

Aussitôt débarqué, il prend possession du sol avec les cérémonies ordinaires aux Scandinaves. Tandis que plusieurs de ses compagnons allument un grand feu dont les rayons indiquent les limites de son nouveau domaine, d'autres partent, hache en main, et marquent leur passage par des signes sur les arbres et les rochers. Il construit ensuite de vastes bâtiments en planches qu'il appelle de son nom *Leifsbudir* ou maison de Leif[11].

Dans le fleuve et le lac il trouve en abondance de très-beaux saumons. Le climat est si doux qu'on laisse en liberté tout le bétail. La gelée se fait à peine sentir et le gazon ne perd presque pas de sa fraîcheur en hiver[12].

Ses constructions terminées, il en fait explorer les environs. Chaque jour il met en campagne la moitié de ses hommes en leur recommandant de ne point se séparer et de revenir coucher au cantonnement.

Un soir, l'un des explorateurs ne revint pas. C'était un allemand, du nom de Tyrker, ancien serviteur d'Erik, « avec qui Leif, petit enfant, avait souvent joué ». Leif, très-affligé, réprimanda sévèrement ses compagnons et se mit en route avec douze hommes, à la recherche du vieil allemand. Il le trouva dans les environs du cantonnement[13]. « Pourquoi, mon nourricier, » lui dit-il « viens-tu si tard ? Pourquoi as-tu quitté tes compagnons ? » Tyrker répondit en allemand. Les Scandinaves ne le comprenant point, il leur dit dans la langue du Nord : « Je ne suis pas allé bien loin ; je vous apporte cependant quelque chose de nouveau : j'ai découvert des vignes chargées de raisin ! » — « Dis-tu vrai, mon nourricier, » s'écrie Leif. — « Je suis sûr de dire très-vrai, car, dans mon pays, il y a des vignes en abondance[14] ».

Il ne se trompait pas. La vigne croît spontanément dans le Rhode-Island et donne une grande quantité de gros raisin bleu, très-charnu, mais aigre[15]. Leif fut si frappé de cette production et des circonstances romanesques qui en accompagnèrent la découverte, qu'il baptisa la contrée du nom de *Vinland* (Terre du Vin).

Cette particularité aida beaucoup à faire connaître en Europe la découverte du Vinland. Dans le cours même du XIe siècle, Adam de Brême l'apprenait de Svein, fils d'Atride, roi de Danemark[16].

Dans les premiers jours de l'an 1001, Leif chargea son navire de bois[17], de raisin, de peaux et se tint prêt à partir.

D'après les observations qu'il fit, le jour le plus court du Vinland commençait à sept heures et demie et finissait à quatre heures et demie, ce qui lui donnait une durée de neuf heures[18]. Cette observation s'accorde avec les données géographiques et les récits des chroniqueurs pour placer Leifsbudir près de Providence, par 41° 24' 10" de latitude nord[19].

Au printemps, quand les vents furent favorables, il reprit la mer.

En vue des montagnes du Groenland, il aperçut dans le lointain un roc ou un navire sur lequel on distinguait des hommes qui faisaient des signaux de détresse. Il s'en approcha et recueillit à son bord quinze norvégiens commandés par Thorer, premier mari de la fameuse Gudrida.

Ce sauvetage et la découverte de Vinland-la-Bonne lui valurent dans la suite le surnom de *Fortuné*. « Ainsi, » dit un ancien, « son voyage ne lui rapporta pas moins d'honneur que de profit[20] ».

Erik ne croyait pas que son fils eût mérité le surnom de Fortuné, « Leif, disait-il, a sauvé quelques naufragés d'une mort certaine, mais il a transporté en Groenland un méchant homme (le prêtre norvégien) ».

La Saga d'Olaf Tryggvason ajoute qu'il céda cependant aux instances de Leif et reçut le baptême en même temps que toute la colonie[21]. L'auteur des *Particula* prétend à tort, ce semble, qu'Erik mourut avant l'introduction du christianisme en Groenland[22].

D'après la Saga de Thorfinn, Leif présenta cette religion sous le patronage d'Olaf Tryggvason, en exalta la gloire et les mérites, se tut sur les moyens employés pour assurer sa prépondérance en France, en Allemagne, en Scandinavie, partout où le pouvoir civil désira son triomphe. Erik résista. Sa raison le portait sans doute vers les croyances de son fils, mais l'habitude et le respect des ancêtres l'enchaînaient aux divinités que les Scandinaves avaient apportées du fond de l'Orient.

Thorhilda, sa femme, reçut, au contraire, la « Bonne Nouvelle » avec enthousiasme, construisit, dans le voisinage de sa demeure, une église qui prit son nom[23] et refusa de partager la couche de son mari. Ce dernier excès de zèle se produisait fréquemment dans les premiers siècles du christianisme. Il réussissait quelquefois, mais souvent il rompait les liens de la famille. En le conseillant à Thorhilda on commit une grave imprudence. Les anciens Scandinaves ne professaient pas la monogamie. Erik avait épousé, en même temps, Thorhilda, fille de Jorund, et Thorbjarga Knarrarbringa, qui, dans la suite, épousa Thorbjorn Kœdalens[24]. Il pouvait expulser sa femme et les chrétiens. Heureusement il chancelait dans sa foi et la conduite audacieuse de Thorhilda détermina peut-être sa conversion[25].

Comme on le verra au chapitre suivant, la maison d'Erik fut chrétienne deux ans au plus après l'arrivée du prêtre norvégien.

1. ↑ SNORRE STURLESONS, *Heimskringla*, t. I, *Saga af Olafi*, cap. CVI. p. 309.
2. ↑ *Particula de Eiriko Rufo*, pp. 20-25.
3. ↑ LE BAS, *Histoire de Norvége*, collection de l'*Univers pittoresque*, p. 511.
4. ↑ *Particula de Eiriko Rufo*, pp. 15, 16. — *Historia Olavi Tryggvii filii*, pars. post. cap. 221, p. 202. — SNORRE STURLESONS, *op. cit.*, cap. CIII, p. 291. — *Historia Thorfinni Karlsefnii*, ap. RAFN, p. 117.
5. ↑ *Historia Olavi Tryggvii filii*, pars, post., cap. 228, pp. 217 et seq. — SNORRE STURLESONS, *op. cit.*, cap. CIII, p. 303, cap. CIV, p. 303. — *Historia Thorfinni Karlsefnii*. pp. 117, 118. — *Christni Saga*, citée par Ampère, Littérature et Voyages, pp. 411-415. TH. TORFÆUS, *Grolandia antiqua*, cap. VII, pp. 127-129. — D'après la Saga de Thorfinn, un accident de mer aurait porté Leif de Norvège en Amérique. Rafn, avec raison, ce semble, préfère à cette version celle des *Particulæ de Grœnlaniis*. (V. Antiquitates Americanæ, p. 118, note a).
6. ↑ *Particula de Grœnlandis*, pp. 27, 28. — SNORRE STURLESONS, *op. cit.*, cap. CVI, p. 306. — *Historia Thorfinni Karlsefnii* ; p. 121. — TH. TORFÆUS, *Historia Vinlandiæ antitiquæ*, p. 4.
7. ↑ M. d'Avezac, Brève et succincte introduction historique au Bref récit et succincte narration de la navigation faite en MDXXXV et MDXXXVI par le capitaine Jacques Cartier, etc. Paris, TROSS, 1863, f. IIJ. — TH. TORFÆUS, *Historia Vinlandiæ antiquæ*, p. 5.

« Divers faits donnent à penser que ce pays était l'île de Terre-Neuve, qui est à 120 myriamètres du Groenland. Or, on peut évaluera 22 myriamètres la distance que parcouraient en un jour les anciens navigateurs scandinaves. Biarne, qui avait été poussé par un fort vent, avait bien pu faire en quatre jours la traversée de Terre-Neuve à Heriulfsnes (aujourd'hui Ikigeit). Cette île est encore couverte de bancs de roches où les arbres et le gazon ne peuvent croître». (M. E. BEAUVOIS, *op. cit.*, p. 14 note 1).

8. ↑ M. D'AVEZAC, *op. cit.*, f. IIJ. — RAFN, *Mémoire sur la découverte de l'Amérique au 10e siècle*, p. 16. — KOHL, *op. cit.*, p. 64. — « C'est la Nouvelle-Écosse qui est en effet au sud-ouest du Helluland, à trois jours de navigation (67 myriamètres), qui est généralement basse et plate sur la côte, bordée de sable blanc et boisée à l'intérieur ». (M. E. BEAUVOIS, *op. cit.*, p. 14 note 2).
9. ↑ M. D'AVEZAC, *op. cit.*, f. IIJ. — Nantucket ou bien Martha's Vineyard, situées au sud du cap Kialarnes (aujourd'hui cap Cod) et à 30 myriamètres au sud-ouest de la Nouvelle-Écosse. On y trouve du miélat ». (M. E. BEAUVOIS, *op. cit.*, p. 14, note 3).
10. ↑ *Lettre de M. Fugl*, du 20 janvier 1840, citée par M. Mostig dans les *Mémoires de la Société royale des Antiquaires du Nord*, 1840-1843, p. 8.
11. ↑ TH. TORFÆUS, *Historia Vinlandiæ antiquæ* pp. 5-7. — *Particula de Grœnlandis*, pp. 31, 32. — M. d'Avezac, *op. cit.*, f. IIJ. — KOLH, *op. cit.*, p. 65. — GEFFROY, l'*Islande avant le Christianisme*, p. 16, cité par M. Gaffarel.
12. ↑ Au rapport des topographes modernes, le même pays jouit d'une température si douce que la végétation souffre rarement de la sécheresse. On l'appelle le Paradis de l'Amérique, parce qu'il est autant favorisé pour la situation que pour le sol et le climat ». (M. E. BEAUVOIS, *op. cit.*, p. 15, note 2.)
13. ↑ M. E. Beauvois observe très-judicieusement que l'auteur de la Saga d'Erik crut orner son récit en l'amplifiant de détails maladroitement choisis. « Il a voulu peindre, dit-il, quelques effets de l'ivresse, ignorant que le jus de la vigne ne devient capiteux que par suite de la fermentation. Son erreur en ce point est d'autant plus excusable qu'il n'avait apparemment jamais bu de vin ni goûté de raisin ». (M. E. BEAUVOIS, *op. cit.* p. 109, note 1.)
14. ↑ *Particula de Grœnlandis*, p. 32-36. — SNORRE STURLESONS, *op. cit.*, cap. CVI, CVII, pp. 309, 310, — TH.TORFÆUS, *Historia Vinlandiæ antiquæ* pp. 7, 8.
15. ↑ On ne mange pas de ce raisin à son état naturel parce qu'il est peu délicat. L'espèce particulière au nord de l'Amérique lui est bien supérieure. (*Mémoires de la Société royale des* Antiquaires du Nord, *1840-1843, p. 8.)*
16. ↑ ADAM. BREMENS., *Historia ecclesiastica* cap. 246, p. 151.
17. ↑ Ce bois était l'érable ou *Masur*. « *Masur s. masur-tre* veteres dixere aceris quandam speciem, sive betulæ nodosæ, quæ magni apud eos pretii habebantur, canthares, poculis, cultrorum manubriis aliisque rebus fabricandis apta ». (SNORRE STURLESONS, *op. cit.*, cap. CVII, p. 311, note

d).

Rafn pense que ce bois est le même que l'acer rubrum *ou acer saccharinum*, nommé par les Anglais *Bird's eye* (œil d'oiseau) ou *curled maple* (érable bouclé). L'intérieur, dit-il, en est marbré, ce qui le rend très-propre à la confection des meubles. Les anciens Scandinaves l'estimaient beaucoup. (*Découverte de l'Amérique au 10e siècle*, pp. 21, 22).

Harald Hardrade, roi de Norvège, offrit à Thorer Steig une petite jatte faite de ce bois et garnie d'anses et de bandes en argent doré. (SNORRE STURLESONS, *op. cit.*, cap. CVI, p. 325).

18. ↑ SNORRE STURLESONS, *op. cit.*, cap. CVI, p. 309. — *Particula de Grœnlandis*, p. 32.
19. ↑ RAFN, *Découverte de l'Amérique au 10e siècle*, pp. 23-26.
20. ↑ *Particula de Grœnlandis*, pp. 26-39. — RAFN, *Antiquitates americanæ*, pp. 191, 192. — SNORRE STURLESONS, *op. cit.*, cap. CVII, pp. 311, 312. — TH. TORFÆUS, *Historia Vinlandice antiques*, p. 9.
21. ↑ « Sed Eirikus, pater ejus (Leifi), constare dixit Leivo rationem, qui naufrages quidem servasset et a morte liberasset, sed noxium hominem (sic presbyterum appellavit) secum in Grœnlandiam deportasset ; consilio tamen et hortatu Leivi Eiririkus omnesque Grœlandicie incolæ baptisati sunt ». (*Historia Olavi Tryggvii filii*, pars, post., cap. 231, pp. 229, 230. — Cf. RAFN, *Antiquitates americanæ*, pp. 193, 194).
22. ↑ « Eo tempore (1004) Groenlandis christiana erat facta, Eirikus tamen Rufus ante introductam religionem christianam mortuus est. » (*Particula de Groenlandis*, p. 46).
23. ↑ Cette église est peut-être celle dont Hayes vit les ruines, en 1869, à Krakortok. {La Terre de désolation, ap., *Le Tour du Monde*, t. XXVI, liv. 652, p. 7).
24. ↑ *Historia Thorjinni Karlsefnii*, pp. 89, 90.
25. ↑ *Historia Thorjinni Karlsefnii*, pp. 119, 120. — TH. TORFÆUS, *Historia Vinlandiæ antiquæ*, pp. 30-33. — Torfæus dit ailleurs, *Gronlandia antiqua*, p. 242, sous la date de l'an 1000 : « Gronlandia Leifo Eirici Rufi filio ad christianam fidem conversa est. » Ce passage n'affirme pas la conversion d'Erik, mais il permet de croire qu'elle ne se fit pas attendre.

CHAPITRE II.

1002-1005.

EXPÉDITION DE THORVALD.

Sur les instances de Leif Thorvald se rend en Vinland. — Son séjour à Leifsbudir. — Explorations au sud. — Explorations au nord. — Il est jeté à la côte et donne au cap Cod le nom de Kjalarnes. — Il prend terre dans la baie de Boston. — Première rencontre avec les Esquimaux. — Thorvald, blessé mortellement, veut être inhumé sur un promontoire qu'il appelle Krossanes. — Découverte d'un tombeau Scandinave dans l'île de Rainsford.

'HEUREUSE expédition de Leif fit grand bruit, sollicita vivement les marins que tourmentait l'amour de la gloire et des richesses.

Leif engagea Thorvald, son frère, à visiter le Vinland. Il lui donna, outre de bons conseils, le navire qu'il avait acheté de Bjarn Heriulfson. Thorvald choisit trente hommes et partit en 1002[1].

« Il est étrange, » dit M. Gaffarel, « que Leif ne l'ait pas accompagné : mais ces hommes du Nord, hardis et infatigables à l'œuvre, se reposaient indéfiniment, quand ils avaient par leurs prouesses illustré leur nom et acquis assez de richesses. Ils ne comprenaient pas ce sentiment tout moderne : le désir de mieux faire[2] ».

On ne connaît pas les particularités de la traversée. Thorvald passa l'hiver dans les baraquements de Leifsbudir.

Au printemps de 1003, il fit faire une reconnaissance au sud. Ses hommes virent une belle contrée couverte de forêts qui n'étaient séparées du rivage que par une étroite bordure de sable blanc. La mer était émaillée de petites îles. Dans l'une d'elles, ils trouvèrent une grange en bois. Les autres leur parurent vierges encore de toute trace d'hommes ou d'animaux.

Une île qui s'étendait au loin vers l'occident, probablement Long-Island, fut le terme de leur navigation. Ils revinrent en automne à Leifsbudir.

L'été suivant, Thorvald entreprit, avec une partie de sa troupe, l'exploration des côtes septentrionales. Une violente tempête brisa sur un cap la quille de son navire. Il séjourna quelques jours en cet endroit pour réparer ses avaries. Au moment de reprendre la mer il dit à ses compagnons : « Élevons sur cette pointe de terre une carène de « navire et donnons-lui le nom de Kjalarnes (Cap de la Carêne) ».

Rafn, Kohl et M. Beauvois[3] pensent qu'on a pu donner ce nom de Kjalarnes au cap Cod (le Nauset des Indiens, situé par 42° de latitude, non loin de Boston), à cause de sa ressemblance avec la proue d'un vaisseau, particulièrement d'un vaisseau scandinave.

De là Thorvald fit route à l'ouest et atterrit près d'un promontoire que l'on croit être Gurnet Point ou Cap Aiderton. La contrée lui parut si belle qu'il dit en prenant terre : « Ce pays est très-beau, je voudrais y bâtir ma demeure ».

De retour au vaisseau, les Normands aperçoivent sur le sable, au pied de la falaise, trois points noirs qui figurent des monticules. Ils s'y transportent et trouvent trois *carabos* (canots d'osier recouverts en cuir) contenant chacun trois hommes. Ils saisissent huit de ces hommes. Le neuvième s'enfuit et entend, malgré le bruit de la rame, les cris de ses compagnons que l'on égorge impitoyablement. Les Sagas ne donnent aucune raison de ce crime odieux, qui, d'ailleurs, était habituel aux pirates du Nord.

Les Normands explorent ensuite le promontoire et découvrent dans la baie des élévations qu'ils prennent pour des habitations. Ils retournent au navire et s'endorment. Bientôt un bruit confus de voix les réveille et semble dire : « Debout Thorvald ! Debout Normands, si vous voulez conserver la vie ! Coupez les câbles, éloignez-vous promptement de terre ! « Ils voient alors un nombre infini de canots qui viennent demander vengeance des assassinats du matin. Thorvald prend à la hâte quelques dispositions défensives. Les Skrellings ou Esquimaux[4] arrivent à portée du trait, lancent une nuée de flèches et s'enfuient.

Thorvald demande à ses compagnons s'ils sont blessés. Tous répondent négativement. « Moi, je le suis, » dit-il ; « la flèche que voilà m'est entrée sous l'aisselle après avoir rebondi sur mon bouclier. J'en mourrai. Je vous conseille de vous préparer à partir promptement et de me laisser sur ce promontoire où je voulais bâtir ma demeure. J'ai prophétisé mon sort, car je demeurerai là quelque temps. « Vous m'inhumerez en cet endroit et vous placerez deux croix sur ma tombe, l'une à la tête et l'autre aux pieds, pour qu'à l'avenir ce promontoire soit appelé *Krossanes* (promontoire des Croix). À cette époque, ajoute le chroniqueur, le Groenland était chrétien[5] ».

Dans l'île de Rainsford, près de Hull et du cap Alderton, dans le golfe de Boston, on a découvert, à la fin du XVIIIe siècle, un tombeau en maçonnerie qui contenait un squelette et une *poignée d'épée en fer*.

M. Smith a reconnu que ce squelette ne pouvait être celui d'un indien, ni celui d'un européen postérieur à la dernière découverte de l'Amérique ; que cette épée n'était pas de facture européenne postérieure au XVe siècle. Il en conclut que le tombeau découvert était celui d'un ancien scandinave[6].

Ce squelette serait-il celui du fils d'Erik le Rouge venant affirmer, après huit cents ans de sommeil, le passage de sa race dans ces lointaines contrées ?

Quand les Normands eurent exécuté les dernières volontés de leur chef, ils retournèrent à Leifsbudir, chargèrent le vaisseau des produits du pays et reprirent, en 1005, la route du Groenland.

1. ↑ SNORRE STURLESONS, *op. cit.*, cap. CVIII, p. 312.
2. ↑ M. Gaffarel, *Étude sur les rapports de l'Amérique et de l'ancien continent avant Christophe Colomb*, Paris, Thorin, 1869, p. 241.
3. ↑ RAFN, *Antiquitates americanæ*, pp. 426, 431. — KOHL, *op. cit.*, p. 67. — M. E. BEAUVOIS, *op. cit.*, p. 112, note 1.
4. ↑ Les Esquimaux parcouraient alors, ce semble, toute la côte. Une révolution s'accomplit dans les siècles suivants. En 1524, Giovanni Verazzano trouva dans ces contrées des populations nombreuses, mais sans aucun des traits qui distinguent la race esquimauïque. Celle-ci, pour conserver l'indépendance et la vie, avait dû se réfugier dans la région des glaces. (*Al Christianissimo Re di Francia Francesco primo, Relatione di Giovanni da Verrazzano Fiorentino della terra per lui scoperta in nome di sua Maesta, scritta in Dieppa, adi 8 Luglio*, M.D.XXIIII. — ap. RAMUSIO, t. III, 1606, ff. 350-352).
5. ↑ RAFN, Antiquitates Americanæ., pp. 40-47, 426, 480, 431. — SNORRE STURLESONS, *op. cit.*, cap. CVIII. pp. 312-314, — TH. TORFEUS, *Historia Vinlandiæ Antiquæ.*, pp. 10-14.
6. ↑ *Mémoires de la Société royale des Antiquaires du Nord*, 1840-1843, p. 11.

CHAPITRE III.

1005-1006.

TENTATIVE DE THORSTEIN.

Thorstein épouse Gudrida. — Met à la voile pour aller chercher les cendres de son frère. — Est poussé par les vents dans les régions polaires. — Svart lui donne l'hospitalité. — Épidémie dans la colonie de Lysufjord. — Mort de Thorstein. — Ses prédictions. — Gudrida est ramenée par Svart en Eriksfjord. — Thorfinn Karlsefn arrive en Groenland.

ENDANT la malheureuse expédition de Thorvald, Thorstein, troisième fils d'Erik, homme prudent et populaire, avait épousé Gudrida, fille de Thorbjorn, veuve du norvégien Thorer, à qui Leif avait sauvé la vie[1].

Cette femme était remarquable par sa beauté, par la dignité de sa personne, par sa prudence, son habileté, sa facilité « dans l'art de converser avec les étrangers[2] ». Thorstein ne décidait jamais rien sans la consulter.

Ayant résolu d'aller chercher les cendres de son frère, il fréta un grand et solide navire, engagea vingt-cinq hommes et partit avec sa femme.

Des vents contraires le chassèrent hors de la route qu'il désirait suivre. Il fut ballotté tout l'été, de vague en vague, « on ne sait où ».

Dans la seconde semaine de l'hiver[3], il atterrit à Lysufjord[4], sur la côte occidentale du Groenland, à deux ou trois degrés au sud du cercle polaire. Thorstein, surnommé Svart (le noir), lui offrit une généreuse hospitalité.

Une épidémie se déclara peu après dans la colonie. Plusieurs des hommes de Thorstein succombèrent ; il les fit mettre dans des cercueils qu'il rangea dans son navire. « L'été prochain, » disait-il, « je les porterai en Eriksfjord ». L'épidémie envahit la maison de Svart, emporta Grimhilda, sa femme, puis, quelques jours après, Thorsteiri Erikson. « Gudrida supporta cette perte avec douleur ». Elle était sur un siège, près du banc où gisait Thorstein. Svart vint, la prit sur ses genoux, s'assit sur un autre banc en face du mort, la consola de son mieux, lui promit de porter avec elle, en Eriksfjord, les cendres de son époux et celles de ses compagnons. « Je prendrai, » lui dit-il, « quelques serviteurs pour te consoler ».

C'était alors le beau temps des miracles et des prodiges. À tout instant, pour le plaisir ou l'édification des hommes, Dieu révoquait ses décisions, suspendait les effets de ses éternelles lois.

Thorstein, d'après la chronique, fut le héros d'un de ces prodiges.

Il s'arracha quelques instants aux ténèbres de la mort pour révéler le sort brillant que l'avenir réservait à sa chère Gudrida.

Svart tint la promesse qu'il avait faite de reconduire la jeune veuve. Au printemps de l'an 1006, il vendit ses biens et ses troupeaux, fréta le navire et partit.

Thorstein et ses compagnons furent inhumés par ses soins près de l'église de l'Eriksfjord, sans doute dans le cimetière de Karkortok, où l'on a trouvé beaucoup d'antiquités scandinaves.

Ce devoir rempli, Svart fonda dans le pays un établissement où il vécut et mourut entouré de l'estime de tous. Gudrida se rendit à Brattahlida, auprès de Leif, devenu chef de la famille par la mort d'Erik le Rouge.

La même année, un peu avant l'hiver, Thorfinn Karlsefn vint en Groenland.

1. ↑ SNORRE STURLESONS, *op. cit.*, cap. cix, p. 315. — TH. TORFÆUS, *Historia Vinlandiæ Antiquæ.*, pp. 14, 15, 33.
2. ↑ SNORRE STURLESONS, *op. cit.*, cap. CIX, p. 316. — *Historia Thorfinni Karlsefnii*, p. 96. — *Particula de Groenlandis*, p. 50.
3. ↑ « Initium hyemis veteres nostrates a 14 mensis octobris computarunt ». SNORRE STURLESONS, *op. cit.*, cap. CIX, p. 315, note f.)
4. ↑ Sinum hune existimant nonnuli sinum Gronlandiæ occidentalis esse, quem hodie vulgo Baals-Revier dicunt ; alii rectius forsan sinum dictae Gronlandiæ orientali proximum.
    (SNORRE STURLESONS, *op. cit.*, cap. CIX, p. 315, note g). — TH. TORFÆUS dit positivement que Lysufjord se trouvait sur la côte occidentale du Groenland : « *In sinum occidentalis Gronlandiæ Lysufiordum dictum delatus (Hist. Vinlandiæ Antiq.*, p. 15) ». Le savant Rafn le place également sur cette côte. (Voir dans les *Antiq. Amer.*, sa carte générale des découvertes des Normands en Amérique).

TROISIÈME PARTIE.

—

THORFINN KARLSEFN & GUDRIDA.

CHAPITRE I.

1006-1008.

LE STRAUMFJORD.

Karlseln passe l'hiver à Brattahlida. — Il épouse Gudrida. — Il part avec 160 hommes pour coloniser le Vinland. — Il touche au Helluland, au Markland, aux Furdustrandir, et entre dans le Straumfjord. — Son séjour dans le Straumfjord. Culture, explorations, disette, disparition de Thorhall. — Thorhall, retrouvé, regrette ses anciens dieux, chante ses déceptions, se sépare de Thorfinn. Son chant de départ. — Il fait naufrage sur les côtes d'Irlande et meurt esclave. — Karlsefn part pour Leifsbudir.

ARLSEFN, surnom de Thorfinn, signifie Destiné à devenir un grand homme. Thorfinn était riche et puissant. Ses ancêtres avaient appartenu à la noblesse des trois royaumes

Scandinaves ; plusieurs avaient porté la couronne.

Il venait de Norvége avec deux navires : l'un commandé par lui et Snorre Thorbrandson ; l'autre par les islandais Bjarn Grimolfson et Thorhall Gamlason[1].

Les colons accoururent en foule aux navires. Karlsefn fit à Leif des présents et Leif offrit au navigateur norvégien l'hospitalité de Brattahilda.

Aux approches de Noël, Leif parut taciturne, préoccupé. Thorfinn s'en apercevant lui dit : « As-tu quelque chagrin ? Je crois remarquer que tu as perdu de ta gaîté habituelle. Tu nous as traités avec la plus grande libéralité, et il est de notre devoir de te rendre, en retour, tous les services que nous pourrons. Dis-moi donc ce qui t'afflige. — Vous vous prêtez amicalement aux circonstances ; je ne crains pas que vos bons offices nous fassent faute ; mais J'appréhende qu'on dise que vous n'avez jamais passé de plus mauvaises fêtes de Noël qu'à Brattahlid, chez Leif. — Il n'en sera point ainsi, mon hôte, » répondit Thorfinn : « Nous avons sur notre navire du malt et du grain. Prenez tout ce qu'il vous faut et préparez un festin aussi magnifique que vous le jugerez convenable ». Leif, profitant de cette faculté, organisa la fête la plus splendide qu'on ait vue dans ce pauvre pays[2].

Thorfinn vit Gudrida pendant les fêtes, en devint amoureux et le lui déclara. La belle veuve remit l'affaire aux mains de Leif, chef de la famille. « Qu'elle suive sa destinée, » répondit le fils d'Erik. Le mariage fut célébré pendant l'hiver de 1007.

Vinland-la-Bonne était toujours l'objet des conversations des marins. Tous souhaitaient d'y aller ou d'y retourner pour en rapporter des richesses.

Gudrida, que la Saga de Thorfinn nomme aussi Thurida[3], partageait leurs désirs et leurs espérances, employait à convertir Thorfinn à ses idées l'influence que lui donnait son titre de nouvelle épouse. Thorfinn consentit et engagea soixante hommes et cinq femmes, auxquels il promit la moitié des bénéfices que produirait l'entreprise. Leif lui permit de se servir de ses maisons du Vinland. Outre ses anciens compagnons : Snorre, Bjarn et Thorhall, il s'adjoignit Thorvard, qui commandait le navire du père de Gudrida.

Ce Thorvard était un homme faible, sans valeur, entièrement dominé par sa femme, Freydisa, fille naturelle d'Erik le Rouge, qu'il avait épousée pour sa fortune[4].

La flottille, composée de trois navires, portait cent soixante hommes et des bestiaux. Il s'agissait d'une exploration sérieuse et de l'établissement d'une colonie.

Au printemps de 1007, les Normands mirent à la voile de l'Eriksfjord. Ils furent portés au nord, dans le Vesterbygd par la branche encore tiède du *Gulf-Stream*, qui baigne la côte occidentale du Groenland. Dépourvus d'instruments nautiques, ils cherchaient dans le détroit de Davis l'endroit le moins large pour passer à la terre de Baffin. Comme le remarque M. Beauvois, ils remontèrent peut-être un peu trop au septentrion. Enfin sollicités tout à la fois par le courant polaire et par un vent du nord, ils mirent le cap au sud, descendirent le long des côtes américaines et parvinrent, en vingt-quatre heures de navigation, au Helluland, alors rempli de renards.

Ils reconnurent ensuite le Markland, puis une île où les chasseurs tuèrent un ours et qui, pour cette cause, fut appelée *Bjarnar* (île aux Ours)[5].

Malgré le vague des renseignements que donnent les Sagas sur la route suivie, on suppose que, pour chercher la tombe de Thorvald, l'expédition longea les côtes. On sait d'ailleurs qu'elle prit terre au cap Kjalarnes, puisqu'elle y recueillit une quille de vaisseau. La tombe du fils d'Erik ne fut pas retrouvée, bien que plusieurs des compagnons de ce capitaine dussent monter les navires de Karlsefn.

À partir de Kjalarnes, ils virent de vastes déserts, des dunes, de longues et étroites plages qu'ils baptisèrent du nom de *Furdustrandir* (rivages merveilleux). On pense qu'ils désignaient par ce nom Nauset, Chatam et Monomoy Bay[6].

Ils trouvèrent ensuite des côtes découpées de baies nombreuses. Karlsefn y descendit deux coureurs écossais : un homme, Haki ; une femme, Hekja, qu'Olaf Triggvason avait donnés à Leif. Il leur recommanda d'explorer la contrée du sud-ouest. Ils revinrent à la fin du troisième jour avec quelques grappes de raisin et des épis de froment sauvage[7].

Thorfinn s'engagea dans une baie profonde qu'il nomma Straumfjord *(baie des courants)* ; *c'est probablement Buzzard's Bay,* où le *Gulf-Stream* produit des courants très-irréguliers[8]. Il descendit dans une île où l'éder se trouvait en très-grand nombre. On ne pouvait y faire un pas sans casser des œufs d'oiseaux[9]. Il lui donna le nom de *Straumey* (île des courants). On croit la reconnaître dans Martha's Vineyard[10].

Les navigateurs prirent terre dans le Straumfjord. La douceur du climat, la végétation, des eaux poissonneuses leur firent supposer qu'ils avaient trouvé un lieu convenable pour l'établissement d'une colonie.

Ils y construisirent des baraques, débarquèrent les troupeaux et donnèrent le printemps à des travaux de culture, à la pêche, à des explorations.

L'hiver les surprit sans provisions. La chasse et la pêche devinrent improductives. Ils passèrent dans l'île et la disette les y suivit. Pour obtenir des vivres, ils firent un vœu qui ne fut point exaucé. Sur ces entrefaites, Thorhall disparut, sans doute pour invoquer ses anciens dieux.

Ce chef, ancien serviteur d'Erik le Rouge, était surnommé le Chasseur. Grand, fort, taciturne, railleur, « mauvais chrétien, » il ne parlait, dit la chronique, que pour conseiller le mal à son maître. Il connaissait parfaitement les lieux déserts et le refuge des oiseaux[11].

Après trois jours et trois nuits d'anxieuses recherches, Karlsefn et Bjarn le trouvèrent sur un rocher, renversé sur le dos, la bouche et les narines ouvertes, murmurant des paroles inintelligibles. Il ne voulut point s'expliquer sur les causes de son absence, mais se laissa reconduire au cantonnement.

Dans le même temps ils prirent une baleine et la disséquèrent, « car ils avaient peu de vivres ». Ils en firent bouillir et en mangèrent, ce qui les rendit tous malades[12].

« Maintenant, « dit Thorhall, Œnobarbus me viendra plutôt en aide que votre Christ. Voilà ce que rapporte d'avoir composé un chant contre Thor, mon dieu tutélaire, lui qui ne m'a jamais trompé. Ce qu'il y a de mieux à faire, c'est de jeter à l'eau cette chair de baleine et de se confier aux dieux L'air se purifiera, le temps de la pêche reviendra ; les vivres ne vous manqueront plus, car il y a du gibier dans les bois, des œufs dans l'île, du poisson dans la mer ».

Ils suivirent son conseil et revinrent en terre ferme, où, fort heureusement, le gibier, le poisson et les œufs se trouvaient alors en abondance.

À la suite de ces événements, Thorhall dit qu'il voulait remonter au nord, le long des Furdustrandir, jusqu'au cap de la Carène, pour retrouver le Vinland. Karlsefn préféra la direction de l'ouest.

Bien que Thorfinn et Gudrida eussent conçu, organisé et fait presque tous les frais de l'entreprise, ils n'avaient sur leurs compagnons qu'une autorité purement nominale : les vieux Normands ne savaient pas obéir ; dans toutes les situations ils conservaient la plénitude de leur indépendance.

Du jour où les idées de Karlsefn ne furent plus celles de l'irascible Thorhall, celui-ci reprit sa liberté d'action, se rendit dans l'île avec neuf hommes et se tint prêt à partir par le premier vent favorable.

Un jour qu'il portait de l'eau dans son navire, il en but et chanta :

« Les colonnes de fer de l'Assemblée me disaient que j'aurais dans ce pays les vins les plus délicats ; il me faut vitupérer cette terre devant les hommes. La divinité Porte-Casque me présente maintenant un seau ; ainsi donc, je cours à la fontaine, et mes lèvres ne sentent pas le goût du vin ».

Quand il mit à la voile, en 1008, il chanta cette seconde strophe :

« Retournons au pays de nos ancêtres ! Faisons voile et que notre navire glisse rapidement le long de ces rivages sablonneux. Que ceux dont les glaives bravent la tempête, qui rejettent les anciennes mœurs et louent cette terre, restent dans le Furdustrandr à faire bouillir de la baleine[13]. »

À la hauteur du cap Kjalarnes, le grand courant du Gulf-Stream accéléré par un vent d'ouest très-violent venu des montagnes du New-Hampshire, le porta en pleine mer et le jeta sur les côtes d'Irlande[14].

D'après le récit de quelques marchands, il mourut en esclavage[15]. Son sort fut celui de tous les navigateurs qui se perdaient sur ces côtes.

Karlsefn, Snorre, Bjarn et Thorvard firent voile à l'ouest, avec I 3 1 hommes, à la recherche de Leifsbudir.

1. ↑ *Historia Thorjinni Karlsefnii*, pp. 130, 131. — *Particula de Grœnlandis*, pp. 55, 56. — RAFN, Découverte de l'Amérique au 10ᵉ siècle, p. 9.
2. ↑ Saga de Thorfinn Karlsefn et de Snorre Thorbrandson, traduction de M. E. Beauvois, *op. cit.*, pp. 33, 34. Nous avons substitué le nom de Leif à celui d'Erik, parce que ce dernier n'était plus depuis quelques années. — TH. TORFÆUS, *Historia Vinlandiæ antiquæ*, pp. 47, 48.
3. ↑ « Filia Thorbjornis in hac particula jam Thurida, jam Gudrida nominatur. Fortassis in pueritia nomen habuit Thuridee, sed postea, objecta animo religione, ethnicum nomen deposuit, derivatum a Thore deo, ejusque loco recepit nomen Gudridæ. » (RAFN, *Antiquitates Americanæ*, p. 136, note a).
4. ↑ SNORRE STURLESONS, *op. cit.*, cap. CV, CX, pp. 305, 318, 319. — *Particula de Grœnlandis*, p. 56. — *Historia Thorfinni Karlsefnii*, pp. 137, 138.
5. ↑ Terre-Neuve, Anticosti ou Saint-Jean. (M. E. BEAUVOIS, *op. cit.*, p. 56, note 2.) — TH. TORFÆUS, *Historia Vinlandiæ antiquæ*, p. 50.
6. ↑ *Mémoires de la Société royale des Antiquaires du Nord*, 1840-1843. pp. 2, 3. — KOHL, *op. cit.*, p. 72.

D'après un très-ancien géographe, Bjarn Jonsson, auteur du *Gripla*, le Furdustrandir était très-froid et l'on ignorait s'il était habité. « Au sud-est, » dit le même auteur, « se trouve le Helluland, qui est aussi appelé Skrœnlingialand ; de là, il n'y a pas loin au bon Vinland, qui selon quelques-uns se rattache à l'Afrique. Entre le Vinland et le Groenland se trouve le Ginnungagap, bras de l'Océan qui entoure la terre ». (M. E. Beauvois, *op. cit.*, p. 75).

7. ↑ *Historia Thorfinni Karlsefnii*, pp. 137-141, 169-173. — Th. Torfæus, *Historia Vinlandiæ antiquæ*, pp. 50, 51.

   D'après l'Erbyggia Saga, Haki et Hokja étaient des animaux, plus semblables au singe qu'à l'homme, capturés par Thorfinn, sur la côte américaine. « Aliquo in loco adeptus est duo animantia, simiæ quam homini similiora, quæ Hakium et Hekjam appellavit ». (Rafn, *Ant. Amer.*, pp. 196, 197). — Cette supposition ne mérite pas d'être discutée.

8. ↑ Kohl, *op. cit.*, p. 72. — M. E. Beauvois, *op. cit.*, p. 37, note 1.

9. ↑ *Historia Thorfinni Karlsefnii*, pp. 141, 137, — Les îles inhabitées du Massachusetts servent encore de retraite à une foule d'éders et de canards sauvages, et l'une d'elles, située à la pointe sud-est de la péninsule de Barstable, est encore appelée *Egg-Island* (îles des œufs). M. E. Beauvois, *op. cit.*, p. 37, note 2).

10. ↑ Rafn, *Découverte de l'Amérique au 10e siècle*, p. 19. — M. E. Beauvois, *op. cit.*, p. 3/, note 1.

11. ↑ *Historia Thorfinni Karlsefnii*, p. 173. — Th. Torfæus, *Historia Vinlandiæ antiquæ*, p. 51. — M. E. Beauvois, *op. cit.*, p. 38, note 1.

12. ↑ *Historia Thorfinni Karlsefnii*, pp. 141, 142, 168, 169, 173-175. — *Particula de Grœnlandis*, pp. 57, 58. — Th. Torfæus, *Historia Vinlandiæ antiquæ*, p. 52.

13. ↑ Ces strophes sont de huit vers chacune. Leur caractère et les métaphores dont elles abondent leur donnent pour date le xe ou le xie siècle. (Rafn *Ant. Amer.*, p. 144, note a).

14. ↑ Pareille aventure survint, à la fin du xvie siècle, au marquis de la Roche. Comme il cherchait, dans une petite embarcation, un port aux environs de l'île de Sable, il fut saisi par un vent d'ouest et porté, en dix ou douze jours, en vue des côtes de France. — (Lescarbot, *Histoire de la Nouvelle-France*, Paris, Millot, 1612, pp. 420, 421 ; Tross, 1866, pp. 396, 397).

15. ↑ *Historia Thorfinni Karlsefnii*, pp. 142, 143, 175, 176. — Th. Torfæus, *Historia Vinlandiæ antiquæ*, pp. 53, 54.

CHAPITRE II.

1008-1009.

THORFINNSBUDIR.

Arrivée à Mount-Hop. — Apparition des Skrellings. — Trafic avec les Skrellings. — Naissance de Snorre. — Combat avec les Skrellings — Courageuse conduite de Freydisa. — Abandon de Thorfinnsbudir.

APÈS avoir longtemps navigué, Karlsefn découvrit, derrière une grande île, un fleuve qui traversait un lac avant de se jeter dans la mer. Les rives en étaient étroites, sablonneuses, inhabitées. On ne put le remonter sans de grands efforts. Karlsefn baptisa ce pays du nom de *Hop*.

Ce mot islandais, dit Rafn, signifie petite baie formée par une échancrure de la mer et par une rivière. Il s'applique également à la terre qui borde cette baie.

À la désignation de la Saga de Thorfinn correspond Mount-Hop Bay, traversée par Taunton River qui, sous le nom de Pocasset River, se jette dans la mer par le détroit de Seaconnet.

C'est dans cette contrée, à l'est de Mount-Hop Bay, que se trouvait Leifsbudir.

Thorfinn s'établit sur la rive opposée, probablement sur le cône appelé par les Indiens Mount-Haup, entre le lac et la forêt. Il appela son établissement Thorfinnsbudir[1].

Il trouva des vignes sur la colline et du froment sauvage dans la plaine. La forêt était remplie de gibier ; dans les rivières, on prenait le poisson à la main, notamment celui de l'espèce que les Scandinaves appelaient sacrée. Pour éviter la disette dont il avait souffert dans le Straumfjord, il fit creuser de grandes fosses que la haute mer couvrit et laissa pleine de poissons. Il remit le bétail en liberté, puis fit couper du bois pour en charger son navire.

Il était dans cette contrée depuis une quinzaine de jours, quand, un matin, la baie se couvrit d'un grand nombre de carabos[2] chargés d'hommes noirâtres, laids, ayant une affreuse chevelure, de grands yeux et la face large. Ces hommes étaient des Esquimaux ou Skrellings, comme les appellent les chroniqueurs. Ils dressaient de longues perches et les faisaient siffler en les agitant rapidement.

« Que penses-tu de cela ? dit Thorfinn à Snorre. — Je pense que c'est un signal de paix et qu'il convient d'arborer le bouclier blanc ». Le bouclier blanc, qui était aussi le bouclier de paix, fut arboré. Les Esquimaux s'approchèrent, regardèrent curieusement les Scandinaves, puis virèrent de bord et disparurent derrière le promontoire.

Le printemps les ramena. Leurs carabos vinrent un matin en si grand nombre qu'on aurait pu croire la mer couverte de charbons. Après avoir échangé le signal de paix avec les Normands, ils débarquèrent et offrirent, pour des morceaux d'étoffe rouge, des peaux de toute sorte[3] et des corbeilles. Ils demandèrent aussi des lances et des épées, mais Thorfinn et Snorre défendirent prudemment de leur en donner.

Karlsefn s'aperçut un jour qu'il ne lui restait plus que très-peu d'étoffe rouge ; il la fit découper en bandes larges de moins d'un doigt. Les Skrellings achetèrent ces morceaux le même prix et souvent plus cher que les autres. Ils s'en faisaient un ornement de tête.

Il leur offrit un jour de la soupe au lait. Cette nourriture fut tellement de leur goût qu'ils ne voulurent plus autre chose. « Ils emportaient ainsi dans leur ventre le prix de marchandises que les Scandinaves mettaient soigneusement de côté pour en charger leurs navires ».

Thorfinn, par crainte de surprise, avait entouré son habitation d'une forte palissade.

Dans le courant de l'automne, Gudrida le rendit père d'un fils qui reçut le nom de Snorre. Ce fait mérite d'être signalé parce que Snorre est le premier des Normands qui virent le jour en Amérique.

Un taureau appartenant à Karlsefn sortit un jour du bois en courant et mugissant. Les Skrellings, effrayés, s'enfuirent précipitamment, avec leurs paquets de fourrures, du côté des maisons et voulurent y pénétrer, mais Karlsefn leur en fit fermer les portes.

C'est à ce fait que la Saga de Thorfinn et Torfœus attribuent le conflit qui survint entre les Skrellings et les Normands. Les *Particula de Grœlandis* et *l'Heimskringla* mentionnent cet incident, mais sans y attacher d'importance. C'est à tort, ce semble, que les premiers donnent pour seule cause du conflit l'effroi causé par le taureau ; c'est à tort aussi que les autres n'accordent à ce fait aucune importance. Les Skrellings eurent grand peur et soupçonnèrent une trahison des Normands. Ils craignirent dès lors un combat et cette crainte augmenta le désir qu'ils avaient de posséder des armes en fer. Comme on va le voir, ils firent pour s'en procurer une tentative qui détermina le conflit.

Au commencement de l'hiver, après une absence que Torfæus dit avoir été de trois semaines, les Skrellings revinrent, mais en beaucoup plus grand nombre que d'habitude, et déposèrent leurs marchandises avant d'en avoir reçu le prix. Thorfinn, qui leur supposait sans doute quelque projet hostile, se tenait sur ses gardes. « Apportez, » dit-il aux femmes, « le manger qu'ils demandaient jadis avec tant d'empressement, et pas autre chose ».

À ces mots, qu'ils comprirent, les Skrellings jetèrent leurs marchandises dans l'enceinte, ce qui causa un certain désordre dont ils profitèrent avec empressement.

Gudrida était dans la maison, auprès du berceau de son fils. Elle vit une ombre traverser la porte et se trouva tout à coup en présence d'une femme de petite taille, vêtue de noir, la tête ceinte de bandelettes, les cheveux grisonnants, la lèvre pâle, les yeux comme on n'en voit qu'à certains hommes. « Quel est ton nom ? » lui dit cette femme. — « Gudrida, et toi, le tien ? » « Gudrida ». Au moment où, ces mots échangés, l'épouse de Thorfinn lui faisait signe de s'asseoir, un grand bruit se fit dans la maison : un Skrelling était tué par un Scandinave dont il voulait dérober les armes. Au même instant, la femme mystérieuse, que Gudrida seule avait vue, disparaissait comme par enchantement, et les Esquimaux prenaient la fuite en abandonnant, avec leurs marchandises, les jattes de lait qu'on leur avait offert en paiement.

« Maintenant, » dit Karlsefn, « il est nécessaire de nous concerter, car je prévois qu'ils vont venir, trois fois plus nombreux, pour nous attaquer. Dix de nous occuperont cette langue de terre et se montreront à l'ennemi ; les autres iront dans la forêt pour ouvrir un passage aux bœufs. Quand l'ennemi viendra, on fera marcher le taureau en avant[4] ».

Les Skrellings arrivent en poussant le cri de guerre ; Karlsefn fait arborer le bouclier rouge. Ils lancent une pluie de flèches et se servent de frondes. Au moyen d'une espèce de baliste, ils projettent au loin avec bruit une énorme pierre bleue que le chroniqueur compare, pour la forme, à la poitrine d'un mouton. Par suite d'un effet de mirage, les Normands crurent voir derrière eux une troupe ennemie aussi nombreuse que celle qu'ils combattaient [5]. Tout en se défendant avec vigueur ils étaient grandement inquiets. Quand la baliste mêla son sifflement au bruit du combat, leur inquiétude devint de l'effroi ; ils lâchèrent pied et se sauvèrent en désordre dans la forêt.

Les Skrellings trouvèrent une hache auprès d'un mort. Plusieurs l'essayèrent sur du bois et furent émerveillés de ses effets. Un autre n'ayant pu lui faire couper une pierre la jeta dédaigneusement.

D'après les *Particula de Grœnlandis* et l'*Heimskringla*, celui qui trouva cet outil le considéra curieusement, puis, pour juger de sa valeur, en frappa de toutes ses forces, à la tête, l'un de ses compagnons. Un chef, homme de haute taille et de belle prestance, s'en empara, l'examina fort attentivement et la jeta dans la mer.

Ces deux versions, également enfantines, prêtent aux Skrellings une naïveté qu'ils n'avaient certainement pas, qu'on ne trouve chez aucun des anciens peuples de l'Amérique.

En voyant fuir les Normands, Freydisa sort de sa demeure et s'écrie : « Comment, hommes de courage, osez-vous tourner le dos à ces guerriers inhabiles que vous pourriez tuer comme des bêtes ! Si j'avais des armes, je combattrais mieux que n'importe lequel de vous ». Ils ne l'écoutent point. Elle les suit, mais lentement, à cause de son état de grossesse avancée.

Dans le bois, elle trouve Thorhrandus, fils de Snorre, qui avait été tué d'un coup de pierre à la tête. Elle prend son épée. Quand les Skrellings arrivent près d'elle, ils reculent d'effroi, courent à leurs barques et s'éloignent rapidement. La poitrine nue, la chevelure au vent, la lèvre frémissante, l'œil en feu, elle leur avait fait l'effet d'une divinité terrible tombée du ciel au secours de leurs ennemis[6].

Karsefn et ses compagnons louèrent son courage. Elle fut certainement peu sensible à leurs éloges, et Thorvard, son époux, qui l'avait abandonnée, perdit encore dans son esprit.

En considérant qu'ils n'avaient que deux morts, que la baliste ne leur avait fait aucun mal, qu'ils n'avaient eu à combattre que la troupe venue en canots, ils reconnurent que les Skrellings qu'ils croyaient derrière eux étaient l'effet d'une illusion d'optique.

De ce jour, cependant, Thorfinn ne se crut plus en sûreté dans le pays et résolut de retourner dans sa patrie[7].

Toutefois, il ne voulut pas s'éloigner sans avoir soigneusement exploré les environs de Hop, sans laisser une trace durable de son passage et de ses aventures.

1. ↑ Rafn, *Découverte de l'Amérique au 10ᵉ siècle*, p. 19. — *Particula de Groenlandis*, p. 63. — *Historia Thorfinni Kalsefnii*, pp. 147, 148, 151, 179. — Th. Torfæus, *Historia Vinlandiæ Antiquæ* p. 54. — M. E. Beauvois, *op. cit.*, p. 40, note 1.
2. ↑ M. E. Beauvois, *op. cit.*, p. 40, dit : *neuf*. Rafn traduit la Saga de Thorfinn (Ant. Amer., p. 148) par : magnum numerum caraborum viderunt. Th. Torfæus (*Historia Vinlandiæ Antiquæ* p. 55) dit : Frequentes scaphas, coreis intectas appropinquantes. « Frequentes » est ici pris dans le sens de « magnum numerum ».
3. ↑ M. Beauvois dit : « du vrai petit-gris ».
4. ↑ *Historia Thorfinni Karlsefnii*, pp. 148-151, 179-182. — *Particula de Grœnlandis*, pp. 59-63 — Snorre Sturlesons, *op. cit.*, cap. cx, pp. 319-321.
5. ↑ Une illusion du même genre a été observée par un savant moderne dans la contrée que l'on suppose avoir été le théâtre de ces événements. « En traversant les déserts du cap Cod (Kialarnes et Furdustrandir des Scandinaves), » dit Hitchcock, dans *Report on the geology of Massachusetts*, « j'ai remarqué un singulier effet de mirage. À Orléans, par exemple, il me semblait que nous montions un angle de trois ou quatre degrés, et je ne fus convaincu de mon erreur que lorsqu'en me retournant je remarquai qu'une pareille inclinaison avait lieu sur la route

que nous venons de parcourir. Je n'essaierai pas d'expliquer cette illusion d'optique : j'observerai seulement que c'est un phénomène du même genre que celui quia frappé M. de Humboldt dans les pampas de Venezuela. Autour de nous, dit il, toutes les plaines semblaient monter vers le ciel. » C'est peut-être à cause de cette circonstance que les Scandinaves avaient donné au cap Cod le nom de *Furdustrandir* (rivages merveilleux). (M. E. BEAUVOIS, *op. cit.*, p. 43, note 1).

6. ↑ Rafn traduit ainsi la Saga de Thorfinn (*Ant. Amer.*, p. 154) : « Illia extractam e vestibus mammam nudo gladio illidit ». M. E. Beauvois traduit ainsi le même passage (*op. cit.*, p. 43) : « Elle se dépouilla le sein, se coupa les mamelles avec le glaive (et les jeta sur les naturels) ».

Cet exploit merveilleux est tout à fait inadmissible. Une femme, surtout une femme enceinte, ne survivrait pas à pareille amputation. On ne voit même pas que Freydisa ait souffert des horribles blessures qu'elle se serait faites. La fuite des Skrellings prouve qu'elle n'a même pas tourné la pointe de l'épée vers son sein. Une femme de son caractère ne pouvait penser qu'à se défendre.

Dans la *Découverte de l'Amérique au 10e siècle*, p. 13, Rafn dit qu'elle avait la poitrine nue et brandissait un glaive contre les ennemis. Th. Torfæus approche de la vérité, mais moins que Rafn, quand il dit : (*Hist. Vint. Ant.*, pp. 57, 58 : « Ut vero complures occurrentes videbat, exertam mammam gladio admovebat. Id metuentes Skrœlingi ad naves fugiebant ocyusque abscedebant : En voyant plusieurs accourir, elle approcha le glaive de son sein nu. Les Skrellings effrayés s'enfuirent à leurs barques et s'éloignèrent rapidement ».

7. ↑ *Particula de Grœnlandis*, pp. 63, 64. — *Historia Thorfinni Karlsefnii*, pp. 152-156, 181, — SNORRE STURLESONS, *op. cit.*, cap. CX, p. 321. — *Eyrbyggia Saga secundum ms. Arnœ-Magnœana*, num. 448, 449, 450 a, in-4°, citée par Rafn, *Antiq. Amer.*, pp. 197, 198. — TH. TORFÆUS, *Historia Vinlandiœ Antiquœ*, pp. 18-22, 56-58.

CHAPITRE III.

LE DIGHTON WRITING ROCK.

Son site et sa forme. — Opinion des antiquaires sur son inscription. — Rafn et Magnusen en reconnaissent le caractère. — Concordance des inscriptions du roc et de la Saga de Thorfinn. — Examen d'une partie de l'inscription non expliquée par Magnusen. — Explication de la seconde partie phonétique. — Observation sur la grossièreté du dessein de l'inscription.

Sur la rive droite de la rivière Cohannet ou Taunton River, territoire de Berkeley, comté de Bristol, état de Massachusetts, sous les 41° 45' 30" de latitude nord, un peu au-dessus du site de Thorfinnsbudir, gît un bloc de gneis de quatre mètres de base sur un mètre soixante-dix centimètres de hauteur, de forme à peu près pyramidale, présentant, du côté de la rivière, un plan incliné d'environ 60 degrés. Il est poli, d'un grain bien caractérisé, pourpre au sommet, rougeâtre au milieu, vert à la base. La mer qui l'apporta, au temps des grands cataclismes, le couvre d'un mètre d'eau à chaque marée. On le connaît sous le nom de *Dighton Writing Rock*, parce que c'est de Dighton qu'on vient habituellement le visiter[1].

Celle de ses faces qui regarde la rivière est couverte d'inscriptions profondes d'un tiers de pouce anglais et larges d'un demi-pouce à un pouce. Pendant 150 ans, à partir de 1680, ces inscriptions ont exercé la sagacité des antiquaires.

Mathieu[2] les fait remonter à l'an 1902 du monde, parce qu'il crut y trouver des signes ayant plus ou moins de ressemblance avec les caractères numéraux des Chinois, et le mot *In*, nom du fils d'un prétendu roi des Atlantes.

Moreau de Dammartin[3] y voyait un fragment de la sphère céleste orientale, ou comme un thème astronomique pour un moment donné, c'est-à-dire pour le 25 décembre à minuit, époque du solstice d'hiver.

Le colonel Valencey s'efforce de prouver qu'elle est sibérienne[4]. Un chef indien, Chingwauk, croit qu'elle rappelle un combat entre deux tribus[5].

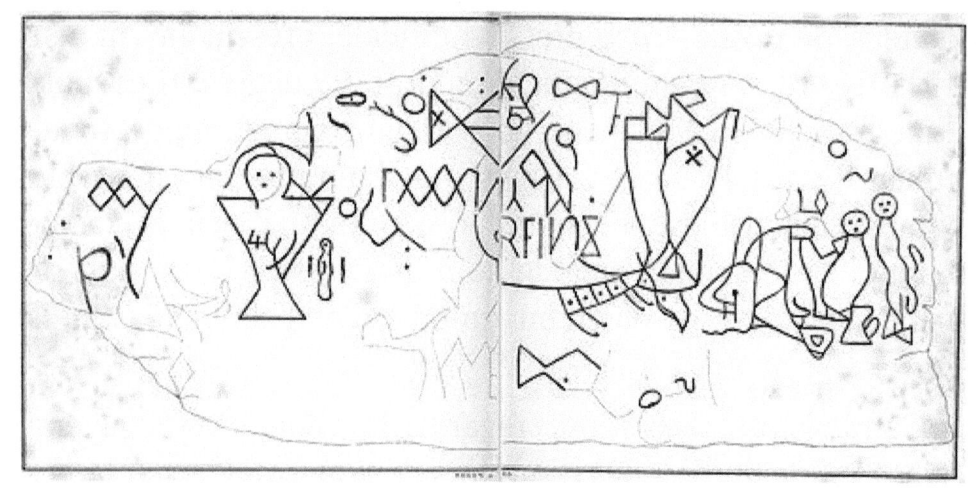

INSCRIPTION DU DIGHTON WRITING ROCK, d'après un dessin par C. RAFN

Court de Gebelin l'attribue aux Phéniciens et en fait une explication très-ingénieuse mais ne répondant pas au dessin qu'il en donne.

Le savant Lelewel la regarde comme une inscription runique, « D'après lui, » dit M. Gaffarel, « ce monument représente la figure de Thorfinn et de son nouveau-né, Snorro (part. III, § I du mémoire sur les frères Zeni), distingué par un S. Le chiffre CXXXI, rappelle le nombre des hommes d'équipage. En avant le bouclier blanc, suspendu en signe de paix, et un taureau qui court, ne sont autres que des objets d'échange entre les Normands et les Skrellingers[6] ».

Le savant M. Gaffarel conclut au rejet de toutes ces hypothèses et pense que le roc de Taunton restera probablement une énigme indéchiffrable.

Warden, qui étudia cette inscription sur la peinture de Kendall, et le dessin fait au trait, en 1788, par James Wintrope[7], est à peu près du même avis. « Il est difficile, » dit-il, a de découvrir dans ces étranges figures triangulaires, « des têtes humaines, des caractères phéniciens ou des preuves de l'origine des peuples de l'Amérique[8] ».

Depuis l'époque où Warden écrivait, la Société historique de Rhode-Island a fait une étude plus complète du roc de Dighton et l'on a retrouvé la Saga de Thorfînn que l'on croyait perdue. Ces deux pièces semblent avoir échappé aux savantes investigations de M. Gaffarel. Elles sont précisément d'une importance capitale. En appliquant aux figures de l'inscription les faits racontés dans la Saga, on obtient une solution rationnelle, sans torturer le texte ni les figures du dessin.

Deux savants professeurs de Copenhague, Christian Rafn et Finn Magnusen, ont reconnu, sans trop de peine, qu'il s'agissait de caractères runiques, de signes cryptographiques et de combinaisons de figures se rapportant aux aventures des Scandinaves dans le Massachusetts.

On a vu que Thorfinn était parti du Groenland avec 160 hommes. Magnusen dit 140, mais par erreur assurément[9].

On a vu aussi qu'après le départ de Thorhall et de neuf hommes il avait pris possession de Thorfinnsbudir avec 131 hommes, que Gudrida lui donna un fils et qu'il soutint une attaque des Skrellings.

On va voir que le Dighton Writing Rock rappelle exactement ces faits.

À la gauche du lecteur (voir la planche ci-contre), le nombre vingt est exprimé en chiffres romains. C'est la mention des vingt hommes dont Magnusen ne parle pas et qui moururent ou restèrent dans le Straumfjord. Il est probable que c'est pour saluer une dernière fois des tombes et pour prendre des compagnons que Thorfinn revint dans Buzzard's Bay avant de quitter l'Amérique.

En supposant que Thorfinn n'a perdu à Mount-Hop que les deux hommes tués par les Skrellings, il n'en avait plus que 129 au moment de son départ. En revenant dans Buzzard's Bay il en compte 140, donc il en a reçu 11 qui ne pouvaient venir que d'une petite colonie laissée dans cette contrée.

Les chiffres xx sont joints à un signe qui affecte la forme du rune *kaun* (enflure) ; cela peut vouloir dire que les tombes ou les habitations de ces vingt hommes étaient au pied d'une colline.

La ligne verticale du *kaun* est très-allongée, irrégulière et vient se terminer près de la lettre islandaise *thau*, dont la signification épigraphique est *prora navis, navis*. Le *kaun* indique ainsi la route que suivirent les colons pour aller du navire au lieu de leur établissement.

Vers le centre de l'inscription on lit distinctement, également en chiffres romains, cxxxi[10], nombre exact des compagnons de Thorfinn. À côté se trouve deux lettres : l'ᚻ latino-gothique et le rune *madr*. Leur valeur épigraphique est *Nord* et *Homme*. Si l'on ajoute au nombre cxxxi l'équivalent de ces deux lettres, on a :

CXXXI HOMMES DU NORD[11].

Vient ensuite la lettre latino-gothique ᛘ, abréviation de *nam*, auquel les Islandais anciens et modernes ajoutent ordinairement le préfixe *land. Land nam,* dit Magnusen[12], signifie : soit « occupation du pays ou territoire, « soit « terre occupée » ou « terre tombée au pouvoir du découvreur ou premier occupant ». Le mot ᚮᚱ qui suit,

ajoute le même auteur, marque la prise de possession, l'occupation. Nam or signifie donc :

Territoire occupé par nous. (Territoria a nobis occupata), ou même :

Nos colonies. (Coloniae nostrae).

Au dessous de ᛘ, ᚮ vient le mot ᚮᚱᚠᛁᚾᛋ

Après avoir discuté toutes les lettres de ce mot, Rafn y ajoute le *thau* qui se trouve à gauche du lecteur, ce qui donne ᚦᚮᚱᚠᛁᚾᛋ[13].

Cette partie de l'inscription phonétique doit donc se lire ainsi :

CXXXI HOMMES DU NORD
ONT OCCUPÉ CE PAYS
AVEC THORFINN.

Quant aux figures cryptographiques, il est difficile d'en saisir le sens exact, ainsi que l'avoue le savant Magnusen. On y voit cependant assez distinctement une femme et un petit enfant accompagné du rune *sol* (knésol), première lettre du nom de Snorre, dans lesquels on reconnaît aisément Gudrida et son fils. On y voit aussi deux personnages qui semblent combattre et un animal qui court ; les personnages peuvent être Thorfinn et Snorre Thorbrandson ; l'animal est le taureau dont la sortie eut de si fâcheuses conséquences.

De la grossièreté de la partie iconographique et idéographique de cette inscription, on n'en peut rien conclure. Il en est comme des figures héraldiques et des hiéroglyphes de l'Égypte et du Mexique : leurs formes sont consacrées par des rites et s'imposent rigoureusement à l'artiste.

En tout cas, le roc de Dighton a révélé une partie assez notable de son secret pour qu'on ne puisse plus mettre en doute la présence, sur le Taunton River, tout au commencement du XIe siècle, de Thorfinn Karlsefn et des Normands.

1. ↑ D. B. WARDEN, *Recherches sur les Antiquités de l'Amérique septentrionale*. Paris, Everat, 1827, p. 69. — Extrait du 2e vol. des Mémoires de la Société de Géographie de Paris. — WHEATON, *op. cit.*, note F, p. 491. — MICHAEL LORT, *account of ancient Inscriptions in north America*, ap. Rafn, p. 373. — *Letter from M. Wintrope at M. Hollis, dated from Cambridge, in New-England*, nov. 14, 1774, ap. Rafn, pp. 375, 376.
2. ↑ Cité par Warden, *op. cit.*, p. 70.
3. ↑ *Institut historique*, t. IX, p. 145, cité par M. GaffFarel.
4. ↑ LUBBOCK, *l'Homme avant l'Histoire*, trad. Barbier, p. 223, cité par M. Gaflarel.
5. ↑ LUBBOCK, *op. cit.*, cité par M. Gaffarel.
6. ↑ M. GAFFAREL, *op. cit.*, p. 129, note 2.

7. ↑ Des dessins de ce roc avaient déjà été faits : en 1730, par le docteur Greenwood ; en 1768, par Stephen Sewell ; en 1790, par Bailles et Godwin ; — il en a été fait depuis par Job Gardner, en 1812, et par *The Rhode-Island historical Society*, en 1830. Toutes ces études, même celles reproduites par Warden, se trouvent dans les *Antiquitates americanæ*, où elles portent les n°s IV-IX des planches XI et XII.
8. ↑ WARDEN, *op. cit.*, pp. 69, 70.
9. ↑ « In laudatœ historice 7M^e capite relatum est quod virorum, illius expeditionis participum numerus fuisset CXL...... » (Magnusen, ap. Rafn, p. 379.) Au chapitre qu'il indique on lit, au contraire : « Navibus eorum vehebantur centum et sexaginta viri ». (*Hist. Thorf. Karls.*, ap. Rafn, p. 169). À la page 137, on lit encore : « Omnino centum et sexaginta homines erant, cum ad Vestbygdam navigarunt, et inde ad Bjarneyam ». Il est bien dit, p. 157, que Bjarn et Gudrida restèrent avec cent hommes dans le Straumfjord, tandis que Karlsefn et Snorre partaient avec 40 à la recherche de Thorhall le Chasseur, mais c'était après un séjour de cinq ans en Amérique, six mois de famine, un combat quelque peu meurtrier et la séparation même de Thorhall, qui avait emmené neuf hommes. Ce chiffre de 160 hommes est également reproduit par Rafn, à la page 10 de sa notice sur la *Découverte de l'Amérique au 10e siècle*.
10. ↑ Le C a la figure du gamma majuscule. Voir, pour cette substitution de lettre, Rafn, *Ant. Amer.*, p. 379, note *a*.
11. ↑ Magnusen explique ainsi cette phrase : CXXXI *n* (orrœniæ) *Skips m* (*enn*) i. e. *Europœi boreales*-sive ex Norvegiâ et Islandiâ oriundi — *nautœ*. (Ap. RAFN, *ant. amer.*, p. 380).
12. ↑ RAFN, *op. cit.*, p. 381.
13. ↑ RAFN, *op. cit.*, p. 388.

CHAPITRE IV.

1009-1013

RETOUR EN STRAUMFJORD.

Excursions au sud et au nord. — Les Unipèdes. — Retour de Thorfinn en Groenland. — La Terre des hommes blancs — Conduite généreuse de Bjarn Grimolfson. — Thorfinn en Norvége, puis en Islande. — Gudrida fait un pèlerinage à Rome — Postérité de Thorfinn et de Gudrida.

ENDANT qu'on exécutait l'inscription de Taunton River, Thorfinn chargeait son navire de bois, de fruits et de pelleterie. Au printemps, après trois ans de séjour dans Mount-Haup Bay, il revint dans le Straumfjord, sans doute pour revoir la

petite colonie qu'il dut y laisser. Cela n'est pas dit expressément dans la Saga, mais on ne peut expliquer autrement qu'il ait eu 140 hommes après son arrivée dans le Straumfjord, quand il ne pouvait en avoir plus de 129 au moment de son départ de Thorfinnsbudir.

Il laissa cent de ces hommes dans le Straumfjord, avec Bjarn et Gudrida ; avec Snorre et les quarante autres il prit la direction du sud[1]. Pendant deux mois entiers il explora les côtes, visita les havres, s'enquit des productions du pays. Selon toute apparence, il remonta le Potomac, où les Scandinaves tenteront plus tard l'établissement d'une colonie.

Aussitôt de retour, il résolut une excursion au nord, à la recherche de Thorhall le Chasseur. Il fit voile le long des Furdustrandir, jusqu'au cap Cod ; puis, appuyant à l'ouest, il découvrit d'immenses forêts, percées de quelques éclaircies, et jeta l'ancre à l'embouchure d'une rivière.

Torfæus et l'auteur de la Saga de Thorfinn disent que Thorvald, fils d'Erik, fut tué sur cette rivière par un *Unipède*.

D'après la généalogie donnée par Rafn[2], Erik, le Rouge n'eut qu'un fils du nom de Thorvald, et ce Thorvald fut tué en 1005, sous le cap Krossanes[3]. Mais si l'on substitue un Skrelling à l'imaginaire unipède, on sera porté à croire que l'auteur a confondu la mort de Thorvald Erikson avec celle de quelqu'autre Thorvald, compagnon de Karlsefn.

De ce que l'auteur de la Saga de Thorfinn a parlé d'unipèdes, il n'en faut pas conclure qu'il écrivit à la légère, sur des documents incertains. Dans ce temps, on croyait à la réalité des êtres les plus fantastiques.

Hérodote, qui était fort instruit et de très-bon jugement, niait l'existence d'hommes à pieds de chèvre (Capripèdes) et de ceux qui dormaient six mois de suite ; mais il admettait parfaitement les Armiaspes ou Monophtalmes, hommes n'ayant qu'un œil[4]. *Le Livre des Merveilles*, écrit et peint de 1380 à 1400[5], présente le pays des Mécrits comme habité par des monocôles (n'ayant qu'une jambe), des monophtalmes, des acéphales qui ont le visage dans la poitrine. Cartier rapporte, sans commentaires, comme chose qu'il paraît croire, ce que lui dit un chef canadien de monocôles qui vivaient sans manger[6]. De nos jours, assure le comte Potocki, les Kalmouks croient que le prolongement de la chaîne de Sibérie est habité par des Capripèdes et des Cynocéphales[7].

Les rapports que les Normands firent de leurs voyages ne sont d'ailleurs pas, à beaucoup près, aussi pleins de fables et d'apparitions merveilleuses que ceux des Espagnols et des autres nations méridionales. Ils sont au contraire remarquables par leur rectitude, leur simplicité et leur clarté. Ils rapportent, il est vrai, que les Skrellings furent plusieurs fois « engloutis par la terre » au milieu des combats, mais ce n'est peut-être qu'une manière métaphorique d'exprimer la fuite rapide ou la mort de leurs ennemis. Ils croyaient à l'existence des monocôles et s'imaginèrent avoir trouvé leur pays dans le nord du Vinland (New-Hampshire et Maine). Ils se trompaient, mais de bonne foi, comme le prouve ce couplet qu'ils composèrent en revenant en Straumtjord :

« Nos hommes, c'est la vérité pure, ont poursuivi sur le rivage un monocôle ; mais, d'une course rapide, cet homme merveilleux s'est dirigé vers la mer : Entends-tu, Karlsefn ?[8] »

Après cette apparition qui fit perdre tout espoir de retrouver Thorhall, Thorfinn mit le cap sur le Straumfjord.

Cette excursion ne fut pas inutile. Thorfinn avait acquis la certitude que toutes les terres vues au nord formaient avec Vinland-la-Bonne un seul et même continent. Les marins, certains de toujours trouver terre à l'ouest, pourraient désormais naviguer plus sûrement dans ces parages.

Il passa dans le Straumfjord, auprès de Gudrida, un hiver qui fut troublé par de graves discordes. Les célibataires exigeaient la promiscuité des femmes, et les maris s'y refusaient énergiquement[9]. Pour terminer ce conflit, qui pouvait, à tout instant, aboutira des luttes meurtrières, il résolut de profiter du premier vent favorable pour retourner en Groenland.

Il mit à la voile au printemps. En passant en Markland, il trouva cinq Skrellings : un homme barbu, deux femmes et deux enfants. L'homme et les femmes parvinrent à s'échapper, mais les enfants tombèrent en ses mains. Les

Normands les soignèrent, leur apprirent la langue du Nord et les firent baptiser. Ces enfants leur dirent qu'il y avait, au-delà de leur pays, une contrée habitée par des hommes vêtus de blanc qui parlaient très-fort et portaient des morceaux d'étoffe fixés à de longues perches. Les Normands ont pensé qu'il s'agissait de l'*Hvitramannaland*[10] (Alborum hominum terra) ou Grande-Irlande[11] : la Floride, la Géorgie, les Carolines et la Virginie d'aujourd'hui[12].

Bjarn Grimolfson suivit de près Thorfinn, mais il ne devait pas avoir, comme lui, une heureuse navigation.

Dans la mer d'Irlande, suivant les uns[13], dans celle de Groenland, suivant les autres, il fut soudainement attaqué par un ennemi puissant et implacable, le taret, mollusque vermiforme, dont un rouennais, le regretté F.-A. Pouchet, a fait une savante description[14]. Avec la rapidité qui lui est propre, ce terrible ravageur creusa dans la coque du navire ses multiples et tortueuses galeries. Il avait terminé son œuvre, c'est-à-dire que le navire était perforé, irrévocablement condamné à s'engloutir avant que l'équipage ait pu prendre aucune disposition.

Bjarn avait un bateau goudronné de poix de phoque, à l'abri des attaques du taret, mais ne pouvant contenir que la moitié de l'équipage du navire. Il décida que tous, chefs ou simples gens d'armes, tireraient au sort à qui descendrait dans ce bateau.

Ces hommes, assurément très-braves, habitués à jouer chaque jour leur vie au milieu des flots et des combats, furent cependant fort émus quand il s'agit pour eux de savoir s'ils périraient avec le navire qui s'enfonçait sous leurs pieds ou s'il leur resterait quelqu'espoir de regagner la terre.

Bjarn fut au nombre de ceux que le sort favorisa.

Il était sur le point de donner le signal du départ quand un jeune islandais, condamné à rester sur le navire, lui dit : « Bjarn, est-ce que tu vas me laisser ici ? — Il m'est impossible de faire autrement. — Ce n'est pas ce que tu me promis quand je partis avec toi de l'Islande, de la maison de mon père. — Je ne vois pas comment remédier à cela ; toi, vois-tu un moyen ? — Oui, et un bien simple : viens ici à ma place et j'irai là à la tienne. — Soit, » répond Bjarn, « car je m'aperçois que tu tiens beaucoup à la vie et que l'approche de la mort t'épouvante. « Il remonte alors sur le navire et le jeune islandais prend sa place dans le bateau.

Le navire continua lentement son immersion et finit par disparaître dans le gouffre. De Bjarn et de ses compagnons, il ne restait plus qu'un souvenir.

Le bateau, poussé par un vent favorable, finit par gagner Dublin, puis l'Islande, où les naufragés purent raconter la conduite généreuse de leur capitaine[15].

Des trois navires partis en 1007, du fjord d'Erik, un seul rentrait en 1011, celui de Thorfinn.

Thorfinn se rendit en Norvége avec les marchandises qu'il avait amassées et les vendit pendant l'hiver. La croyance vulgaire est que jamais navire ne partit du Groenland plus richement chargé que n'était le sien. Il fut comblé d'honneurs par les grands seigneurs norvégiens, qui s'intéressaient extrêmement aux découvertes de leurs compatriotes.

Au printemps de 1015, il n'attendait plus qu'un vent favorable pour retourner en Islande ; à ce moment, un marchand de Brême lui offrit une demi-livre d'or pour un morceau de bois qui lui servait dans son temple de famille. C'était du *masur* qu'il avait rapporté du Vinland[16].

En 1016, il s'établit en Islande à Glæmbæensem[17], et passa le reste de ses jours dans la condition d'un homme qui avait assez fait pour sa gloire et pour sa fortune.

À sa mort, Gudrida prit l'administration des biens qu'il laissait.

Quand elle eut marié Snorre, Gudrida fit un pèlerinage à Rome. Elle fut bien reçue et raconta certainement ses voyages dans les contrées ultra-océaniques.

Rome était très-attentive aux découvertes géographiques, collectionnait avec soin les cartes et les récits qui lui parvenaient. Toute découverte semblait un agrandissement du domaine papal, un champ nouveau pour la prédication évangélique. De ce qu'ils n'ont laissé dans l'histoire écrite aucune trace appréciable, les récits de Gudrida n'en exercèrent pas moins sans doute une certaine influence sur les découvertes postérieures. Il ne faudrait point s'étonner quand ils auraient provoqué ou confirmé les suppositions des cosmographes italiens relatives à la proximité des côtes orientales de l'Asie.

À son retour en Islande, elle entra dans un couvent construit par Snorre à son intention, et la vaillante femme y termina ses jours en simple religieuse.

Snorre eut un fils nommé Thorgeir, qui fut père d'Ingelda, mère de l'évêque Brand. Sa fille Hallfrida eut Runolf, père de l'évêque Thorlak. Son second fils, Thorbjorn, eut Thorunna, mère de l'évêque Bjorn.

Après avoir cité ces noms et beaucoup d'autres, les chroniqueurs ajoutent : « plusieurs princes islandais figurent dans l'illustre descendance de Karlsefn et de Gudrida ». Snorre Sturlesons, le célèbre historien, se glorifiait de les avoir pour ancêtres. Le dernier de leurs descendants directs est, d'après Rafn, Magnus Stephensen, juge supérieur de l'Islande, mort en 1833[18].

1. ↑ *Historia Thorfinni Karlsefnii*, p. 157. — TH. TORFÆUS, *Historia Vinlandiæ Antiquaæ*, p. 59.
2. ↑ RAFN, *Ant. Amer.*, tab. 1.
3. ↑ V. *Supra,* IIe part., ch. II, p. 62.

4. ↑ *Histoire d'Hérodote*, liv. IV, pp. 260, 261 de la trad. Du Ryer ; Paris, 1645.
5. ↑ Ms. de la Bibliothèque nationale, n° 8392. V. Charton, *Voyageurs anciens et modernes*, t. II, p. 310.
6. ↑ *Bref récit et succincte narration de la navigation faite en* MDXXXV *et* MDXXXVI *par le capitaine Jacques Cartier*, etc. ; édit. de M. d'Avezac, fol. 40, Paris, Tross, 1863.
7. ↑ M. CHARTON, *op. cit.*, t. I, p. 120, note 1.
8. ↑ TH. TORFÆUS, *Historia Vinlandiæ Antiquæ*, p. 61. — *Historia Thorfinni Karlsefnii*, p. 161. — KOHL, *op. cit.*, p. 76.
9. ↑ TH. TORFÆUS, *Historia Vinlandiæ Antiquæ*, p. 62.
10. ↑ *Hvitra* (White), *manna* (men), *land* (land), terre des hommes blancs. (*Note de M. d'Avezac*).
11. ↑ TH. TORFÆUS *op. cit.*, pp. 62, 63. — *Historia Thorfinni Karlsefnii*, pp. 162, 163, 183.
12. ↑ On fixe à 1170 la colonisation de l'Hvitramannaland par Madocap Owen Guineth, mais, comme on le verra plus loin, les Irlandais vinrent en Amérique beaucoup plus tôt.
13. ↑ Historia Thorfinni Karlsefnii, pp. 163-165. — TH. TORFÆUS, *Historia Vinlandiæ Antiquæ*, p. 63.
14. ↑ F.-A. Pouchet, *L'Univers, — Les infiniment grands et les infiniment petits*, Paris, Hachette, 1865, pp. 60, 61 de l'éd. in-18.
15. ↑ *Historia Thorfinni Karlsefnii*, pp. 183-186. — *Eyrbiggia Saga*, ap. Rafn, Ant. Amer., pp. 198-200. — TH. TORFÆUS, *Historia Vinlandiæ Antiquæ*, pp. 63, 64. — M. E. BEAUVOIS, *op. cit.*, pp. 46, 47.
16. ↑ *Particula de Grœnlandis*, p. 74. — SNORRE STURLESONS, *Heimskringla*, t. I, pp. 321-325. — TH. TORFÆUS, *op. cit.*, p. 28. — M. E. BEAUVOIS, *op. cit.*, p. 31, dit que ce bois était un manche à balai. RAFN, *Ant. Amer.*, p. 74, traduit par *œdium purgatricem* (scopas), balai servant à nettoyer le temple, et, plus exactement, brindilles formant un balai... Ces deux versions rendent sans doute exactement le texte islandais, mais ce texte est fautif, car le *masur* (V Suprà, p. 54 note 4) était considéré comme précieux parce qu'on l'employait à la fabrication de meubles de luxe.
17. ↑ M. E. BEAUVOIS, *op. cit.*, p. 31, dit : *Glaumbœiarland* (en danois *Glœmbœland*) ; TORFÆUS, *op. cit.*, p. 28, dit simplement : *Glaumbœ*.
18. ↑ *Particula de Grœnlandis*, pp. 75, 76. — *Historia Thor-finni Karlsefnii*, pp. 166, 167. — SNORRE STURLESONS, *Heimskringla*, t. I, p. 326. — TH. TORFÆUS, *op. cit.*, p. 29. — RAFN, *Ant. Amer.*, tab. généal. II, VIII, IX.

CHAPITRE V.

1011-1013.

FREYDISA.

Freydisa retourne en Vinland avec les frères Helge et Finnborge. — Ses fourberies. — Elle fait égorger les deux frères et leurs compagnons et tue de sa main cinq femmes. — Retour à Eriksfjord. — Elle finit ses jours dans le mépris. — Antiquités et tombeaux de Fall-River.

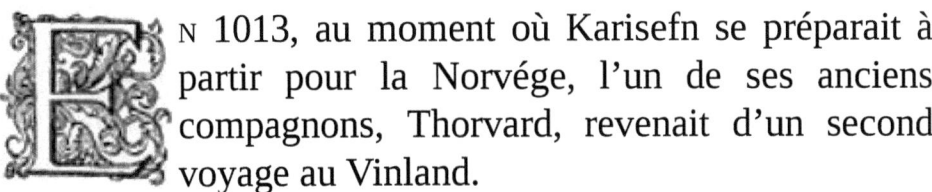N 1013, au moment où Karisefn se préparait à partir pour la Norvége, l'un de ses anciens compagnons, Thorvard, revenait d'un second voyage au Vinland.

Pendant l'été de 1011, Helge de Finnborge, d'Œsttjord ou d'Austfirdt, en Islande, étaient venus passer l'hiver en Groenland[1].

Freydisa, celle-même qui déploya tant de bravoure devant les Skrellings, convint de faire le voyage du Vinland avec eux, à la condition d'avoir la moitié des bénéfices que donnerait l'entreprise. Leif ne voulut pas lui donner ses maisons du Vinland, mais il lui permit de s'en servir. Pensait-il en avoir encore besoin ? Cela n'est pas probable. Riche, honoré, chanté par les scaldes, il croyait avoir droit au repos : si jadis il avait désiré des lauriers, c'était non-seulement pour dormir son dernier sommeil à leur ombrage, mais aussi et surtout pour jouir de leur parfum.

La convention faite entre les frères et Freydisa portait que chacune des parties contractantes pourrait avoir trente hommes d'armes. Freydisa, qui prévoyait une lutte, voulut s'assurer la supériorité du nombre. Dans ce but, elle cacha cinq hommes dans son navire ; quand elle les montra, ce fut pour avertir ses associés qu'elle était la plus forte.

Les deux frères, arrivés les premiers à Leifsbudir, déchargeaient leur cargaison quand la sœur de Leif arriva.

« Pourquoi, » leur dit-elle, « avez-vous déposé vos bagages dans ces maisons ? — Parce que nous croyons, » répondent-ils, « que c'est chose convenue entre nous. — Point du tout ; c'est à moi, non à vous, que Leif les a prêtées. — Tu l'emporteras facilement sur nous par la subtilité, » lui dit Helge. Les frères reprirent leurs bagages et construisirent, à quelque distance de la mer, une maison où, dit le chroniqueur, ils « vécurent honnêtement ».

Freydisa rit couper des arbres pour en charger son navire.

Quand vint l'hiver, Helge et Finnborge organisèrent des jeux. Ces jeux furent supprimés à la suite de querelles, et le reste de la saison se passa un peu tristement.

Cette vie paisible n'était point du goût de Freydisa.

Un matin, elle quitte sans bruit le lit conjugal, se couvre du pallium de son mari, et va pieds nus, dans la rosée, à la demeure des deux frères. Un des compagnons de ceux-ci, qui venait de sortir, avait laissé la porte entr'ouverte. Elle la pousse, entre, et reste un moment silencieuse. Finnborge l'aperçoit et lui dit : « Que veux-tu, Freydisa ? — Je veux te parler ; lève-toi et viens avec moi. » Finnborge la suit et s'assied près d'elle sur un tronc d'arbre. « Comment te trouves-tu dans ce pays ? » lui dit-elle. — « La fécondité du sol me plaît, mais la querelle survenue entre nous me semble sans cause et me déplaît. — Tu dis vrai ; du moins, c'est mon sentiment. Je t'ai demandé cet entretien parce que je veux changer de navire avec vous, le vôtre étant plus grand que le mien. — Nous te céderons volontiers notre navire, si cela doit te faire plaisir ». Ils se séparent sur ces mots. Finnborge se remet au lit ; Freydisa retourne à sa maison et se recouche également.

Le contact de ses pieds froids et humides réveille Thorvard, qui demande des explications. Elle lui répond, en feignant la plus grande indignation : « Je me suis rendue auprès des frères pour acheter leur navire qui est plus grand que le nôtre. Ils se sont mis en colère, m'ont frappée et traitée violemment. Mais toi, chétif, tu ne peux venger mon injure, bien qu'elle soit aussi la tienne. Si tu ne sais pas les punir, de retour en Groenland, je déclarerai le divorce entre nous ».

Thorvard, que les artifices de sa femme n'auraient pas dû surprendre, la crut sur parole. S'il entrevit la vérité, il ne sut pas résister à ses perfides suggétions. En tout cas, il fait prendre les armes à sa troupe, se rend à la demeure des frères, les saisit, ainsi que leurs compagnons, pendant leur sommeil, les emmène et les livre à sa femme. Celle-ci les fait égorger. Il restait cinq femmes. Personne ne les voulant tuer : « Donnez-moi une hache en ma main, » s'écrie-t-elle. On lui donne une hache et les cinq femmes tombent sous ses coups.

La troupe de Thorvard est consternée, honteuse. Elle sent qu'elle vient de commettre une insigne lâcheté. « Freydisa, qui conçut et exécuta cet horrible crime paraît seule le voir avec plaisir ». La contenance des Normands finit cependant par troubler sa joie. Une vague inquiétude la gagne. Elle est inaccessible au remord, mais elle craint des indiscrétions qui peuvent la perdre à son retour en Groenland. Se redressant alors plus hautaine, plus sauvage que jamais : « Si la Fortune nous accorde de retourner en Groenland, je retrancherai, » dit-elle, « du milieu des hommes, celui qui dira ces choses. Nous dirons, au contraire, qu'*Ils* sont restés ici ».

Au printemps de 1013, elle prit le navire des deux frères, le chargea et partit pour Eriksfjord. Elle arriva, on l'a vu plus haut, juste au moment où Karlsefn mettait à la voile pour la Norvége.

De retour dans sa demeure, elle perdit complètement son assurance. Elle distribua entre ses compagnons la plus grande partie de ce qu'elle avait apporté, sacrifiant ainsi le produit de son crime pour en étouffer le souvenir.

Malgré cette générosité forcée et la crainte qu'elle inspirait, les détails de l'horrible drame se répandirent peu à peu. Quand Leif, ayant mis à la torture quelques hommes, acquit la preuve de leur réalité, il dit avec tristesse : « Je ne puis punir ma sœur, mais je prévois que sa postérité sera malheureuse ». À partir de cette époque, disent les Sagas, il ne lui arriva plus, en effet, que des revers[2].

Freydisa et son lâche époux finirent leurs jours dans l'isolement et probablement dans le mépris l'un de l'autre. Leur naissance les avait placés au-dessus de la justice légale, mais ils furent broyés par cette justice supérieure qui siège dans la conscience publique.

À l'extrémité méridionale de Fall-River, dans le Massachusetts, à l'endroit où Rafn a placé Leifsbudir et le lieu du drame qui vient d'être raconté, on a trouvé, le 26 avril 1831, dans un banc de sable, un squelette d'homme, une parure de poitrine en bronze, divers instruments, des fers de lance qui ne sont pas d'origine indienne ni de facture européenne postérieure au xve siècle.

Cette découverte fut précédée et suivie de plusieurs autres.

Les objets trouvés dans les tombeaux ouverts furent soigneusement comparés avec leurs similaires découverts en Jutland, en Islande, en Groenland et dont l'origine scandinave est parfaitement établie.

Le bronze d'une ceinture, analysé par Berzelius, diffère de l'espèce attribuée à l'âge de bronze du Nord, mais il est assez semblable à celui de la dernière période du paganisme et se compose des mêmes éléments que celui des trouvailles faites près de Novling, en Jutland, et analysé par Forchnammer. On a constaté toutefois que le bronze américain contient un peu plus de zinc et un peu moins d'étain et de plomb que celui du Danemark.

Quant aux ceintures, composées de roseaux recouverts d'une légère enveloppe de bronze et réunis par une courroie très-mince, elles sont exactement semblables à celles trouvées dans la Scandinavie. Malgré cette conformité, la *Société royale des Antiquaires du Nord* a cru devoir suspendre sa décision, parce que la position de l'un des squelettes pourrait faire croire que ces ceintures sont l'œuvre d'une race indo-scandinave[3].

Cette restriction ne s'applique qu'aux reliques d'une seule inhumation. L'origine des autres objets trouvés à l'extrémité de Fall-River ne laisse aucun doute. Il se pourrait donc que plusieurs des squelettes découverts fussent ceux de victimes de Freydisa.

1. ↑ *Particula de Grœnlandis*, p. 63, — RAFN, *Découverte de l'Amérique au 10ᵉ siècle*, p. 14.
2. ↑ *Particula de Grœnlandis*, pp. 65-73. — SNORRE STURLESONS, *op. cit.*, t. I, pp. 321-325. — TH. TORFÆUS, *op. cit.*, pp. 23-28.
3. ↑ *Mémoires de la Société des Antiquaires du Nord*, 1840-1844, pp. 104-109, 119-127, 177, 178 ; 1845-1849, pp. 101, 102.

CHAPITRE VI.

1347.

LEIF LE FORTUNÉ.

Navire porté par la tempête des côtes du Markland à celles de l'Islande. — Récits d'Adam de Brême et d'Orderic Vital. — Chant Feroëde de Finn Pulcer.

APRÈS le drame de Leifsbudir, les chroniqueurs ne mentionnent plus les voyages au Vinland et au Markland.

En 1347, un petit navire groenlandais, monté par dix-sept hommes, fut porté par la tempête des côtes du Markland à celles de l'Islande[1]. Neuf ans plus tard, cette aventure fut inscrite dans les annales de l'île, mais en aussi peu de mots que possible.

Si l'Islande avait eu peu de rapports avec l'Amérique, l'arrivée de ce navire aurait produit une certaine sensation qui se refléterait plus ou moins dans le récit. Le peu d'importance que l'annaliste attache à cet événement est certainement une preuve, comme le pensent M. d'Avezac[2], Kohl[3] et Rafn[4], que l'Amérique était alors connue et souvent visitée par les Islandais.

Depuis longtemps, d'ailleurs, les découvertes faites en Amérique par les Scandinaves n'étaient plus un mystère pour le nord de l'Europe. Thorfinn et ses compagnons en avaient répandu la nouvelle ; moins de cinquante ans après, Adam de Brême en entendait le récit du roi de Danemark et le consignait dans son *Histoire ecclésiastique*[5].

Ces grandes découvertes ne pouvaient être inconnues à la Normandie. Orderic Vital y fait allusion quand il dit : « Les îles Orcades, la *Finlande*, l'Islande et aussi le Groenland, au nord duquel on ne trouve plus aucune terre, et plusieurs autres pays jusqu'au Gothland sont soumis au roi de Norvége : *Orcades insulæ* et Finlanda, *Islanda quoque et Grenlanda, ultra quam ad septentrionem terra non reperitur, aliæque plures usque in Gollandam regi Noricorum subjiciuntur*[6] ».

Au XIIe siècle, on changeait souvent l'F en V et le V en F. En s'autorisant de cette licence, Orderic Vital a écrit *Finlanda* pour *Vinlanda*, comme d'autres ont écrit *Vinlanda* pour *Finlanda*. Il ne semble pas qu'un écrivain de sa valeur ait pu placer entre les noms *Orcades* et *Islanda* celui de la contrée la plus septentrionale de la Scandinavie. Il est plus naturel de croire qu'entre *aliæ que plures* et *usque* a une lacune qui pourrait être remplie par *ad Finmarka,* nom de la seule et petite partie de la Finlande qui fut soumise à la couronne de Norvége.

Dès l'instant où l'Europe avait gardé le souvenir de l'Amérique, elle en demandait les produits et promettait aux aventuriers les grandes et rapides fortunes de Leif et de Thorfinn.

Les marins d'alors ignoraient certainement la cause et l'origine des deux grands fleuves pélagiques qu'ils rencontraient sur la route des terres nouvellement découvertes ; mais ils avaient remarqué qu'un courant d'eau chaude, venant du sud-ouest, et s'étendant des Orcades à l'Islande, portait au nord-est, et qu'un courant d'eau froide, qu'ils trouvaient au nord de l'Islande, les portait tout droit sur le cap Cod. Cette découverte eut, en petit, les mêmes résultats que celle faite par les pilotes espagnols, du courant circulaire du *Gulf-Stream* qui porte, par sa section méridionale, de l'Espagne aux Antilles, et, par sa section septentrionale, des Antilles aux côtes de l'Europe.

Un ancien chant feroëde, publiée par Rafn, et d'une valeur reconnue par Humboldt, vient confirmer la fréquence des voyages en Amérique et démontrer, ce semble, les connaissances pratiques des Normands. Voici les traits principaux de ce chant :

Finn Pulcer, fils d'Ulvus, gode d'Upland, vient demander en mariage la belle Ingeborga, fille d'un roi d'Irlande. Celui-ci le trouve de naissance trop modeste pour en faire son gendre. Pulcer, blessé de ce refus, répond par des injures et finit par provoquer le roi et ses gardes. Une lutte s'engage ; il se défend avec la plus grande énergie. Accablé par le nombre, il est lié et mis en prison.

Ingeborga ne partage pas l'avis de son père. Trouvant Finn Jeune, grand, beau, plein d'audace, elle s'éprend pour lui d'amour et supplie son père de lui rendre la liberté. Sa prière ayant été repoussée, elle informe Holdan, frère de Finn, de ce qui se passe.

Holdan vient en Irlande, assiège le roi, le brûle dans sa demeure et délivre son frère.

Pulcer, aussitôt libre, présente sa demande à Ingeborga. Celle-ci l'agrée, mais à la condition qu'il combattra victorieusement trois rois du Vinland.

Les deux frères partent. On n'indique ni leur route, ni la durée de la traversée. Ces détails n'entraient pas dans le cadre du poète. Ils rencontrent ceux dont la belle irlandaise demandait la mort. Deux tombent sous les coups de Pulcer, mais il tombe sous ceux du troisième qui lui-même est tué par Holdan.

Holdan revient en Irlande et demande le prix de la victoire. « Pulcer mort, » lui dit Ingeborga, « je ne puis aimer personne ». Holdan persiste. Elle dort une nuit sur son sein, mais, brisée par la douleur, elle expire avant le lever du soleil. Holdan termina ses jours dans la tristesse[7].

Il ne convient pas d'accorder à ce chant, de date très-incertaine, la valeur d'une pièce purement historique. Il ne convient pas non plus de le rejeter absolument parce qu'il plut à l'auteur d'orner la vérité des fleurs de sa rhétorique.

Ingeborga put, comme son homonyme de l'Edda, devenir la cause innocente d'une guerre ; mais il est peu probable que ses destinées matrimoniales aient dépendu de quelques chefs vinlandais.

Si le combat de Pulcer contre une armée de colons américains rappelle heureusement les temps de la chevalerie, on fera sagement de le reléguer aux rang des fictions.

Cependant, quand on aura fait la part la plus large à la fable, le chant feroëde prouvera, pour peu qu'on se rappelle les excursions irlandaises en Amérique, l'existence de rapports très-fréquents entre l'île d'Erin et le Vinland[8], une navigation trop connue pour que les Scaldes en chantent encore les péripéties.

1. ↑ RAFN, *Ant. Amer.*, pp. 264, 265. — *Découverte de l'Amérique au 10ᵉ siècle, pp. 36, 37.* — TH. TORFÆUS, Gronlandia antiqua, *cap. xxx, p. 252.*
2. ↑ M. d'Avezac, *op. cit.*, f. iij verso.
3. ↑ KOHL, *op. cit.*., pp. 83, 84.
4. ↑ RAFN, *Découverte de l'Amérique au 10ᵉ siècle*, pp. 36, 37.
5. ↑ ADAMUS BREMENSIS, *Historia ecclesiastica*, cap. 246, p. 151.
6. ↑ Orderici Vitalis, *Historiæ ecclesiasticæ*, lib. X, t. IV, p. 29, édit. Aug. Le Prévost.
7. ↑ *Carmen faeroicum, in qiio Vinlandiæ mentio fit*, ap. RAFN, *Ant. Amer.*, pp. 320-335.
8. ↑ Un prêtre de Thorshawn (Feroë), J.-H. Schoterus, a prétendu que non-seulement l'Amérique et les Feroë ont entretenu un commerce très-actif, mais que l'Islande et l'Hibernie ont guerroyé l'une contre l'autre. (RAFN, *Ant. Amer.*, p. 319.)

QUATRIÈME PARTIE.

—

EXCURSIONS MÉRIDIONALES.

CHAPITRE I.

983.

ARI MARSON.

Ari jeté sur les côtes de l'Hvitramannaland. — Devient chef de tribu.

EN 983, l'année même qui vit Erik le Rouge prendre terre en Groenland, Ari Marson fut jeté sur les côtes de l'Amérique.

Marson était de Reykjanes. Son nom figure dans la *Christni Saga* (cap. I, p. 6) parmi ceux des premiers colons islandais.

On ignora longtemps ce qu'il était devenu.

Il avait trouvé un refuge en Hvitramannaland (Terre des hommes blancs), aussi appelée Irland-it-Mikla (Grande-Irlande).

Cette contrée s'étendait, selon Rafn, de la baie de Chesapeak au canal de la Floride.

Elle était, il semble, occupée déjà par une colonie chrétienne, car le chroniqueur prétend qu'Ari s'y fit baptiser. Cela s'accorde avec ce que dirent les jeunes Skrellings pris par Karlsefn, d'hommes vêtus de blanc parlant très-fort et portant des morceaux d'étoffe fixés à des perches.

Thorfinn Sigurdson, jarl des Orcades, né en 1008 et mort en 1064, dit avoir vu Marson dans le pays des hommes blancs. Les habitants, paraît-il, le traitaient avec honneur et l'avaient choisi pour chef, mais ils ne lui permettaient pas de s'absenter du pays.

D'après une saga citée par Rafn, des irlandais et des islandais le virent également « car on naviguait jadis entre l'Irlande, l'Islande et le pays des hommes blancs ».

Une tribu de Shawannos (probablement Chaouanons), originaire de la Floride, établie dans l'état de l'Ohio, raconte, d'après une tradition, que sa patrie fut habitée par des hommes vêtus de blanc qui se servaient d'instruments en fer[1].

Il résulte de ces divers récits que les hommes de l'Hvitramannaland étaient chrétiens. D'où venaient-ils ? C'est ce que l'état de la science ne permet pas d'affirmer quant à présent, mais il se pourrait qu'ils fussent ces chrétiens que les annales islandaises appellent « Hommes de l'ouest venus par mer ».

1. ↑ *Islands Landnamabok*, pars II, cap. XXII, pp. 132-134. — TH. TORFÆUS, *Historia Vinlandiæ Antiques*, pp. 69, 70. — RAFN, *Antiquitates Americanæ*, pp. 210-214. — *Découyerte de l'Amérique au 10e siècle*, pp. 26, 27. — M. E. BEAUVOIS, *op. cit.*, pp. 52-54.

CHAPITRE II.

983-1027.

BJORN ASBRANDSON BREIDVIKINGAKAPPI.

Amours de Bjorn et de Thuirda. — Bjorn est exilé d'Islande et se réfugie chez les Vikingar. — Revient en Islande et cède encore à sa passion. — Sa rencontre avec le gode de Helgafell. — Il quitte de nouveau l'Islande et pour toujours. — Gudleif aborde dans un pays inconnu. — Il est sauvé par un vieillard que l'on croit être Bjorn.

ANDIS qu'Ari Marson vieillissait dans la Grande-Irlande, Bjorn, fils d'Asbrand, jeune et plein de force, goûtait auprès de Thurida les douceurs d'un amour partagé.

Il était grand, beau, brave et scalde : cependant, il doit sa célébrité moins à sa haute taille, à sa beauté, à sa bravoure, à ses vers qu'à la constance et à la virilité de son amour.

Thurida était veuve de Thorbiœrn et sœur utérine de Snorre, gode (préfet) de Helgafell. Elle avait épousé Thorodd, riche armateur, mais homme vulgaire, peu fait pour être son époux. Il était surnommé *Acheteur-de-tributs*, parce qu'il n'avait voulu prêter secours à des naufragés qu'au prix de tributs qu'ils avaient levés en Irlande.

Thorodd connaissait son malheur ; n'osant rien contre sa femme, moins encore contre Bjorn, il se contentait de faire des observations dont les amants ne tenaient aucun compte.

Cependant, un jour, pressé par des voisins, il s'arma de courage et résolut de se venger.

Thurida soupçonna son projet et dit à Bjorn : « Va-t-en ; continue ton chemin ; veille sur toi. J'ai lieu de croire que Thorodd et plusieurs de ses amis te tendent un piège. — Cela se peut, » répond le scalde, et il chante cette improvisation :

« Déesse au fil d'or ! nous souhaitons l'un et l'autre que le soleil, oubliant les heures, reste longtemps aujourd'hui sur la vallée.

« Femme décorée de l'anneau de fer, au bonheur, qui souvent échappe, disons ce soir un dernier adieu ».

À son retour, il fut soudainement assailli, dans les gorges sauvages du Digramulium, par Thorodd, les deux fils de

Thorer Vidlegg (Jambe de bois) et deux serviteurs.

Sentant encore sur ses lèvres l'empreinte des derniers baisers de Thurida, il croit avoir des ailes et participer à la vie des dieux. Tout à son rêve de bonheur, il se rit du danger, voit, dans le combat qu'on lui présente, une occasion de prouver à sa bien-aimée qu'il est aussi supérieur aux autres hommes par sa vaillance que par son amour.

Il se défend donc habilement et bravement. Les deux fils de Thorer, qui le pressent avec le plus de vigueur et le blessent, tombent sous ses coups ; Thorodd, blessé, honteux, confus, prend la fuite avec ses domestiques.

Rentré chez son père, Bjorn chante à ceux qui s'enquièrent de ses blessures :

« En vérité, j'ai mis à mort les deux fils de Vidlegg. Il est moins difficile à l'armateur d'enlever par force le voile d'une femme, au timide archer d'acheter le tribut de Drœpner que de combattre un vaillant homme ».

Sur les instances de l'époux de Thurida, Bjorn fut poursuivi par le gode de Helgafell devant le *Thing* de Thorsnes. Malgré la défense des fils de Thorlak, il fut condamné à payer le prix du sang et à s'exiler d'Islande pendant trois ans.

L'année même de son départ, Thurida eut un fils qui fut nommé Kjartan[1].

À Gomsberg, dans l'île de Wellin, en Pomcranie, à l'embouchure de l'Oder, se trouvait le siège des *Vikingar*, alors commandés par le célèbre et légendaire Palnatoke.

Le guerrier qui voulait entrer dans cette étrange république devait prouver, par témoins, qu'il n'avait jamais refusé un défi ; — s'engager, par serment, à ne pas introduire de femmes dans la ville ; — promettre de ne révéler qu'au chef les secrets intéressant le bien public, de venger la mort de ses compagnons, de ne manifester aucune crainte dans les combats, de ne jamais demander quartier, de ne pas s'absenter plus de trois jours sans permission du chef[2].

Cette société de pirates fut longtemps la terreur de la Baltique et de la mer du Nord.

Ce que valaient ses membres, on le voit dans le récit de l'effroyable exécution ordonnée par Hakon, jarl norvégien, en 994, après le combat naval de Bergen. Ils se battaient comme des lions, sans souci du péril, et jouaient avec la mort sous l'épée même du bourreau[3].

C'est au milieu de ces hommes que Bjorn Asbrandson vint passer son temps d'exil ; c'est en affrontant chaque jour la tempête et les combats les plus meurtriers qu'il crut adoucir l'amertume de l'absence.

Ses compagnons lui donnèrent le titre de *Kappi* (athlète). Palnatoke le considérait comme le plus brave de sa troupe.

En 996, après la mort de son père, il revint en Islande et vécut en grand seigneur à Kamb, district de Thing.

Dans une fête à l'embouchure du Froda, il revit Thurida et l'entretint longtemps en particulier. Au retour, pressé de questions par un ami de Thorodd, il reconnut dans une improvisation poétique qu'il était père du petit Kjartan.

Cette entrevue réveilla la passion des deux amants. Ils s'y abandonnèrent, malgré Thorodd et Snorre. Le danger qui les menaçait sans cesse exaltait leur amour, en perpétuait la fraîcheur et les illusions.

Thorodd, toujours timide et toujours soucieux, implora contre Bjorn le secours de Thorgrima Galdrakinna, déesse des tempêtes de neige. C'était avant l'introduction du christianisme en Islande et les vieilles divinités Scandinaves étaient tout puissantes. La déesse eut pitié de Thorodd.

Un soir que Bjorn avait quitté son amante un peu tard, la température se refroidit, la neige tomba si épaisse et poussée par un vent si violent qu'il ne vit plus à se conduire dans la montagne. Ses vêtements gelèrent sur lui. Il trouva par hasard une grotte et s'y mit à l'abri. Vainement il invoqua, par ses chants, la nymphe des flammes marines qui, ce lui semblait, ne devait pas laisser mourir de froid un marin tel que lui. Cette nymphe fut sourde à sa voix et Thorgrima le retint prisonnier, sans vivres et sans feu, pendant trois jours.

Cette aventure n'ayant point refroidi sa passion pour la dame de Froda, Thorodd recourut encore à son beau-frère. Snorre vint en 999, avec une escorte de vingt hommes, passer des fêtes à Froda. Les fêtes terminées, il partit, chargé de présents, soi-disant pour équiper un navire à l'embouchure de la Rœnhavnia.

Arrivé aux côtes de Kamb, il tourne bride et dit à ses hommes : « Je veux vous montrer que j'ai donné à Bjorn l'occasion de prendre le chemin du milieu. Je ne veux pas le combattre dans sa demeure : outre quelle est fortifiée, il est lui-même très-habile et nous sommes peu de monde. Même avec des forces supérieures, le succès n'est jamais certain avec des hommes aussi belliqueux...... S'il est dehors, comme on peut l'espérer à cause de la chaleur, Mar, mon parent, tu affronteras le péril de l'attaquer. Je te conseille de ne pas te jouer à lui ; il faut soutenir une rude lutte contre le loup qu'on ne tue pas du premier coup ».

Ils arrivent, en causant ainsi, près de Kamb et voient Bjorn dans un pré, seul, façonnant une herse, sans autres armes qu'une hachette et un grand couteau de forge qui lui servait à percer des trous.

Bjorn reconnaît Snorre à son manteau bleu et à la place qu'il tient en tête de la troupe. Devinant ce qui l'amène, il marche droit à lui, son couteau à la main, le saisit par son manteau et se tient de manière à le pouvoir tuer instantanément en cas d'attaque. Les deux ennemis échangent un salut ; Mar, dit le chroniqueur, fut stupéfait quand il vit que la moindre tentative contre Bjorn serait la mort de son parent.

« Colon Snorre, » dit Bjorn, « je ne me dissimule pas que tu serais en droit de m'intenter une action, et j'ai appris que tu es irrité contre moi. Si tu as à me proposer une affaire autre que celle qui me semble avoir déterminé ton voyage, dis-le franchement. Je veux tout au moins que tu stipules les conditions de ta paix avec moi ; cela fait, je m'en retournerai, car je ne puis me laisser conduire comme un imbécile. — Tu as agi si habilement en m'abordant, » répond Snorre, « que je t'accorde la paix pour cette fois, qu'elles qu'aient d'ailleurs été mes intentions en venant ici. Je te demanderai une chose : abstiens-toi désormais de séduire Thurida. Si tu persistes à la voir, il n'y aura jamais entre nous de paix sincère. — Je te promettrai seulement ce que je peux tenir. Je ne sais comment faire ce que tu demandes si Thurida et moi vivons sous le même ciel, — Tu n'as pas des affaires tellement importantes que tu ne puisses facilement quitter le pays. — Tu as raison. Eh bien ! qu'il en soit ainsi. Puisque tu es venu à moi et que notre entretien a pris cette tournure, je te promets que, de ce jour, toi et Thorodd ne serez plus affligés par mes visites à Thurida ».

Cela dit, ils se séparent. Snorre se rend à son vaisseau, puis à sa maison de Helgafell sans prendre aucune mesure pour assurer l'exécution de la promesse de Bjorn.

Dès le lendemain, Bjorn se rendit à cheval à Rœnhavnia et mit à la voile par un vent du nord-est qui tint une bonne partie de l'année.

Depuis lors, et il y a longtemps, dit le chroniqueur, on n'a pas eu de ses nouvelles[4].

Vingt-huit ans plus tard, en 1027, un navire allant de Dublin en Islande fut surpris par les vents du nord-est et porté, bien loin de sa route, en vue de terres inconnues. Il était commandé par Gudleif Gudlaugson, de Straumtford (Islande occidentale), frère de Thorfinn dont descend le célèbre historien Snorre Sturlesons.

La saison était très-avancée quand il découvrit un havre lui permettant d'espérer du repos et des vivres. Il s'en approche et débarque avec tous ses compagnons. Presqu'aussitôt ils sont cernés, garrotés et traînés dans les terres par plusieurs centaines d'indigènes dont le langage leur paraît avoir beaucoup de rapport avec l'irlandais. Les indigènes se forment en conseil et mettent en discussion le sort des prisonniers. Gudleif croit comprendre que les uns demandent leur mort, les autres leur dispersion comme esclaves.

Sur ces entrefaites arrive une troupe précédée d'une bannière, et sous cette bannière s'avance, à cheval[5], un homme de haute taille, de prestance militaire, très-avancé en âge, « vieux par la chevelure ». Tous les indigènes lui témoignent beaucoup de respect et lui soumettent l'affaire des étrangers.

Ce chef fait approcher Gudleif et ses compagnons et leur demande, dans la langue *nosrœna* (islandaise), le nom de leur patrie. Ils répondent que presque tous sont de l'Islande. « Qui de vous, « reprend-il, « est islandais ? — Je le suis, » répond Gudleif en saluant, « du district de Borgardfjord ».

Le vieillard s'enquiert alors, très-minutieusement, de toutes les personnes distinguées du Borgardfjord et du Breidafjord, mais plus particulièrement de Snorre, de Kjartan et de Thurida.

Pendant cette conversation, les naturels s'impatientent et finissent par demander une solution. Le vieillard se retire avec douze hommes de sa suite pour délibérer. Revenant après un certain temps, il dit à Gudleif : « J'ai consulté les habitants de ce pays. Ils m'ont laissé le soin de terminer votre affaire. Je vous permets de partir et d'aller où vous voudrez. Bien que l'été soit avancé, je vous conseille d'user de suite de cette permission, car le peuple est ici de mauvaise foi, peu sociable, et croit d'ailleurs que j'ai violé la loi à son préjudice.

— « Si nous rentrons dans notre pays, » dit Gudleif, qui nommerons-nous pour notre libérateur ?

— « Je ne vous dirai pas cela, parce que je ne veux pas que, pour m'être utiles, mes parents et frères d'armes fassent le voyage que vous auriez fait sans ma protection. Je suis d'ailleurs accablé d'ans et n'ai plus que peu de jours à vivre ; quand même je vivrais encore quelque temps, il y a dans ce pays beaucoup d'hommes plus puissants que moi, absents d'ici pour le moment, qui n'accorderaient pas facilement la paix aux étrangers ».

Ce vénérable chef attendit avec les Islandais que le vent leur devint favorable et veilla lui-même à la réparation et à l'approvisionnement de leur navire.

Quand vint le moment du départ, il remit à Gudleif un anneau d'or et une épée. « Si la fortune te permets, » lui dit-il, « de retourner en Islande, tu remettras l'épée à Kjartan, colon de Froda, et l'anneau à Thurida, sa mère.

— « De qui dirai-Je que leur viennent ces riches présents ?

— « De quelqu'un qui fut plus ami de la dame de Froda que de son frère, le gode de Helgafell. Si quelqu'un croit reconnaître le possesseur de ces objets, tu diras ceci : Je défends que l'on vienne me voir parce qu'on ne le pourrait sans courir de grands dangers. D'autres auraient peut-être le sort que vous auriez subi sans moi. Cette contrée est fort étendue et n'a que peu de ports ; les étrangers y sont partout menacés de mort par les naturels ».

Gudleif arriva en Irlande à la fin de l'automne et passa l'hiver à Dublin. L'été suivant il vint en Islande et remit à Kjartan et à Thurida les présents qu'il avait reçus pour eux. Les Islandais ont toujours pensé que le noble vieillard des côtes américaines était Bjorn Asbrandson Breidvikingakappi, le fidèle et vaillant amant de Thurida, sœur de Snorre et mère de Kjartan[6].

Les aventures romanesques de Bjorn et de Gudleif semblent à priori d'assez peu d'importance. À les examiner attentivement, on voit, au contraire, qu'elles tiennent une place considérable dans l'histoire des découvertes scandinaves. En montrant le caractère loyal et audacieux de la noble race normande, elles donnent le secret de ses étonnants exploits. Les recommandations de Bjorn ne furent certainement pas suivies à la lettre ; plus d'un marin voulut voir le mystérieux théâtre sur lequel Ari Marson et le fils d'Asbrand avaient dominé. La connaissance de belles contrées, souvent entrevues, au-delà du Vinland ne pouvait que stimuler l'audace des marins. Le caractère inhospitalier qu'on attribuait aux indigènes était une promesse de combats, de coups à donner et à recevoir, un attrait pour les hommes du Nord.

1. ↑ RAFN, *Antiquitates Americanæ*, pp. 216-227. — M. E. BEAUVOIS, *op. cit.*, pp. 53-56.
2. ↑ WHEATON, *op. cit.*, pp. 358, 359.
3. ↑ *Historia de Piratis Jomensibus*, cap. 47, pp. 137-141, ap.*Scriptores historica Islandorum de rebus gestis veterum borealium*, vol. XI. Hafniæ, 1842.
4. ↑ RAFN. *Antiquitates Americanæ*, pp. 228-245. — M. E. BEAUVOIS, *op. cit.*, pp. 56-62.
5. ↑ « Cette expression est digne de remarque. Elle semblerait indiquer que les habitants du Nouveau-Monde avaient des chevaux ; or, on sait que cet animal n'est pas originaire du pays. Les Islandais l'auraient-ils importé dans le Nouveau-Monde ? ou bien faut-il prendre le mot *rita* dans le sens d'*être porté en litière* qu'il a quelquefois ? ou enfin l'auteur, qui vivait dans un pays où tous les hommes considérables vont à cheval, a-t-il

supposé qu'il en était de même dans le Nouveau-Monde ? Il arrive souvent aux historiens qui paraphrasent leurs sources de remplacer le mot propre par un synonyme qui change le sens. (M. E. BEAUVOIS, *op. cit.*, p. 63, note 1) »

Rafn a traduit ce passage par : « ingentem cohortem virorum equis advehi conspexerunt...... viderunt sub vexillo equitare virum ». (ANT. AMER., pp. 248, 249). Mais dans la note *a* de la page 249, il exprime le même doute que M. Beauvois, tout en admettant que Bjorn pouvait avoir un cheval pour son usage.

6. ↑ RAFN, *Ant. Amer.*, pp. 246-255. — TH. TORFÆUS, *Historia Vinlandiæ Antiquæ*, pp. 72-75. — M. E. BEAUVOIS, *op. cit.*, pp. 22-65.

CHAPITRE III.

1051.

HERVADOR.

Il passe un hiver dans l'Hvitramannaland. — Combat contre les Skrellings. — Découverte, sur le Potomac, du tombeau de l'une de ses compagnes.

ERVADOR, colon vinlandais, paraît avoir eu des renseignements certains sur l'Hvitramannaland. Il vint y passer l'hiver en 1051, et, comme il avait avec lui des femmes, il est permis de supposer qu'il projetait la fondation d'une colonie. Le récit des aventures d'Ari Marson et de Bjorn ne justifie pas suffisamment sa résolution. Il est infiniment probable, quoiqu'on ne puisse l'affirmer, que plus d'une excursion suivit celle de 1027.

Hervador navigua dans la baie de Cheseapeak et s'engagea dans le Potomac. À trois kilomètres au-dessous des chutes, à plus de vingt du site actuel de Washington, il fut attaqué par les Skrellings. L'une des femmes de l'expédition tomba mortellement frappée d'une flèche. Elle fut inhumée à l'endroit témoin de ses derniers moments, sous une voûte formée par le rocher d'*Arrow-Head* (Tête de Flèche).

Au-dessus de sa tombe, sur la paroi nord-est du rocher, on a gravé sur six lignes, en runes *navock* de trois pouces de hauteur, les uns peu apparents, les autres creusés jusqu'à un huitième de pouce, une inscription dont voici la traduction :

> ICI REPOSE SYASI LA BLONDE,
> DE L'ISLANDE ORIENTALE,
> VEUVE DE KOLDR,
> SŒUR DE THORGR PAR SON PÈRE.
> ÂGÉE DE VINGT-CINQ ANS.
> QUE DIEU LUI FASSE GRÂCE. 1051.

Cette inscription, en partie cachée par la mousse, était protégée par la voûte et par un antique sapin au tronc tordu.

Dans le sol, à l'endroit précis indiqué par la *Skalholt Saga*, on a trouvé trois dents, un fragment de grand os qui tomba en poussière, trois objets de toilette en bronze tout-à-fait informes, percés d'un trou, deux fragments d'encrinite servant peut-être de collier, deux monnaies du Bas-Empire (dixième siècle). Cette dernière trouvaille ne doit pas étonner : des danois, des norvégiens, des islandais, servaient, sous le nom de *varègues*, dans la garde impériale de Constantinople.

Tous ces objets sont à Washington, dans le musée de l'Institut Smithsonien, et viennent heureusement prouver la présence des Normands sur le Potomac en 1051[1].

1. ↑ Cette précieuse découverte est venue à la suite de celle faite en 1863, en Islande, près de l'église de Skalholt, par M. Philippe Marsh, du manuscrit latin de 1117 maintenant connu sous le nom de Skalholt Saga.
   Sir Thomas Murray, qui traduisit ce document en anglais, précisa l'itinéraire d'Hervador et le lieu de la lutte. En suivant ses indications, le savant Raffinson, le géologue Lequeureux, le professeur Brand (de Washington), le docteur Boyce (de Boston) ont découvert, le 28 juin 1867, le tombeau de Syasi-la-Blonde.
   (M. E. CHARTON, Le Tour du monde., n° 423, feuille de couverture. (Article emprunté à la *New-York Weekly Tribune*, qui l'avait pris à l'*Union de Washington*.)
   Il ne nous a pas été possible de nous procurer un exemplaire de la *Skalholt Saga*.

CHAPITRE IV.

MADOC AP OWEN.

I L est bien probable que les Irlandais ont fréquenté l'Amérique aux environs de l'an 1000, peut-être même longtemps avant, mais on n'a trouvé jusqu'à présent aucune preuve authentique de leurs expéditions.

Cependant, vers 983, il y avait des chrétiens sur la rive occidentale de l'Atlantique puisque les Sagas nous apprennent qu'Ari Marson y fut baptisé.

En 1011, deux jeunes esquimaux dirent à Thorfinn Karlsefn qu'il y avait, au sud du Vinland, un pays occupé par des hommes vêtus de blanc, parlant très-fort et portant des morceaux d'étoffe fixés à des perches. La *Saga de Thorfinn* et le *Landnamabok* appellent ce pays Terre des hommes blancs et, ce qui est plus significatif, *Grande Irlande*. Ces hommes blancs ne pouvaient être, ce semble, que des chrétiens faisant des processions.

Quand les Normands prirent possession de l'Islande, ils y trouvèrent des traces certaines du passage des Irlandais. Ces Irlandais sont désignés dans les Sagas sous le nom de *Papar* et *Papæ* ; par Dicuil, sous celui de Clerici ; dans les traditions du pays, ils deviennent des *Hommes de l'ouest* (vest-men) « venus de l'ouest par la mer ». Comme l'observe judicieusement Humboldt, comment les Papar auraient-ils été surnommés *Hommes de l'ouest* venus par mer s'ils étaient venus des Feroë ? Il y a donc lieu de supposer que les *Hommes de l'ouest* venus par mer étaient des Ires transplantés de bonne heure en Amérique et venus du pays des *Hommes blancs*, sur la côte sud-est de l'Islande, à Papyli et dans la petite île Papar[1].

Ils entrent dans l'histoire, pour ainsi dire, en barque et la croix à la main. Quand les ténèbres perdent de leur intensité, on les aperçoit sur l'Océan, bien loin, péchant et prêchant sur des rivages inconnus.

Sur le parallèle de l'Islande, le canal Atlantique est d'ailleurs très-resserré. De cette île en Amérique, le navigateur est porté par les vents du nord-est, et le *Gulf Stream* le ramène de l'Amérique en Irlande. L'histoire a conservé le souvenir de plus d'une traversée accidentelle.

Faudrait-il donc s'étonner que les Irlandais se fussent établis en Amérique après y avoir été portés par les hasards de la navigation.

Les Gallois avaient le caractère audacieux des Irlandais, leurs frères et voisins. Moins bien partagés qu'eux sous le rapport du climat, ils étaient peut-être plus disposés à l'émigration. L'histoire ne dit rien cependant de leurs excursions. Madoc ap Owen a seul obtenu l'honneur de quelques lignes.

L'an 1170, après la mort d'Owen Guineth, les fils de ce chef, dit la légende, se disputèrent, les armes à la main, sa petite principauté. Madoc, l'un d'eux, fatigué des discordes civiles et d'une guerre fratricide, équipa quelques navires et partit à la découverte de terres nouvelles. Il laissa l'Hibernie derrière lui et parvint à des contrées précédemment inconnues, a où il vit beaucoup de choses admirables ».

Il y laissa cent vingt hommes, et, revenant dans sa patrie, il raconta que les terres inhabitées qu'il avait découvertes étaient agréables et fécondes, prêtes à recevoir ceux qui souhaiteraient d'échapper aux horreurs de la guerre civile. Quand il eut persuadé beaucoup de monde, il équipa dix navires, les approvisionna de tout ce qui était nécessaire à l'établissement d'une colonie, embarqua un grand nombre d'hommes et de femmes qui s'affligeaient des malheurs du pays Gallois et dit adieu à sa patrie. « Là, » observe M. d'Avezac, « s'arrête la vieille légende, et quelques vers gallois du quinzième siècle ont seuls tardivement consacré le souvenir de l'entreprise de Madoc ap Owen[2] ».

Deux points de ce trop court récit méritent une attention particulière.

Le premier, c'est le départ de Madoc à la découverte de terres nouvelles, *e patria profectiis ut novas terras investigaret*. Un homme de bon jugement ne pouvait se lancer en plein Atlantique, au hasard des vents et des courants, sans savoir s'il avait chance de trouver terre. Il semble naturel de penser que Madoc n'ignorait pas les navigations normandes et irlandaises ; on peut même admettre, sans trop de peine, qu'il fut instruit par des marins gallois.

Le second point à considérer, c'est son retour, qui dénote un esprit pratique, une face du caractère écossais.

Sans tirer aucune conséquence des analogies, très-contestées, des langages écossais et irlandais avec celui de plusieurs tribus indigènes de l'Amérique, on peut déduire la véracité du récit de sa forme, de ses détails et de la date de sa rédaction par Meredith. On fera bien, en tout cas, de ne pas le rejeter et de s'en tenir à cette sage observation de Humboldt, répétée par MM. Brasseur de Bourbourg et Gaffarel : « Il est très à souhaiter que de nos jours, où s'exerce une critique sévère sans être pour cela dédaigneuse, les anciennes recherches de Powel et de Richard Hakluyt puissent être reprises sur le sol même de l'Angleterre et de l'Ir- lande. Est-il vrai que le voyage aventureux de Madoc fut célébré, quinze ans avant la découverte de Colomb, dans le poème du barde gallois Mereditho ? Je ne partage pas l'esprit exclusif qui a trop souvent jeté dans l'oubli les traditions populaires ; j'ai, au contraire, l'intime conviction qu'avec un peu plus d'application et de persévérance on parviendra un jour, par la découverte de faits restés jusqu'ici entièrement inconnus, à résoudre une foule de problèmes qui se rapportent, soit aux voyages maritimes accomplis dès les premiers siècles du moyen-âge, soit à la ressemblance merveilleuse qu'offrent les traditions religieuses, les divisions du temps et les œuvres de l'art dans l'Amérique et dans l'Asie orientale, aux migrations des peuplades mexicaines et à ces centres primitifs de civilisation qui brillèrent à Aztlan, à Quivira et dans la Louisiane supérieure, ainsi que sur les plateaux de Cundinamarca et du Pérou[3] ».

1. ↑ HUMBOLDT, *Cosmos*, t. II, pp. 286-288.
2. ↑ DAVID POWELLUS, *Historia Canibriæ*, Londres, 1854, in-4°, cité par M. Gaffarel. — M. d'Avezac, *op. cit.*, f. II. — M. BRASSEUR DE BOURBOURG, *Popol Vuh, Le Livre Sacré et les mythes de l'Antiquité américaine.* — *Dissertation sur les Mythes de l'Antiquité américaine* ; Paris, Bertrand, 1871, p. LXI. — *Nouvelle Biographie générale*, au mot *Madoc*. — Hakluyt, *The principal navigations., voiages., traffiques and*

discoveries of the English Nation, etc. London, George Bishop, 1600, t. III, p. 4.
3. ↑ HUMBOLDT, *Cosmos,* t. II, pp. 548, 549.

CINQUIÈME PARTIE.

—

EXCURSIONS BORÉALES.

CHAPITRE I.

1135.

Les Normands étendent leurs établissements jusqu'à la baie de Disco. — Le scalde Helg. — Les Normands dans l'île des Femmes, sous le 72° 50' de latitude nord, en 1135.

ANDI que les colonies européennes s'étendaient ainsi peu à peu entre le canal de la Floride et les rives du Saint-Laurent, les Normands prenaient possession de tout le versant occidental du Groenland.

Les colons qui en avaient le moyen allaient, sur des navires construits exprès, passer l'été dans le Nordrsetur.

On leur donnait le nom de Nordrsetumenn (voyageurs au Nordrsetur). Greipar et Kroksfiardarheidi étaient leurs principales stations d'été. La première se trouvait au sud et la seconde au nord de la baie de Disco. Ils y péchaient surtout le phoque, dont ils savaient préparer la graisse. Ils en rapportaient aussi du bois. Il n'en croît pas dans ces hautes régions, mais la mer en apporte, par le courant polaire, du nord de l'Asie[1].

Un ancien chroniqueur[2] compta cent quatre-vingt-dix villes dans le Westerbygd et quatre-vingt-dix dans l'Esterbigd. D'après le *Gripla*, traduit en partie par M. E. Beauvois[3], il y avait, outre l'église épiscopale de Gardar, douze églises à l'orient et quatre à l'occident.

Ces villes n'étaient probablement que des villages ou des gaard[4] et les églises des chapelles ; leur nombre suppose néanmoins une population considérable et une certaine prospérité.

Leur existence et leur origine scandinave sont attestées par les ruines nombreuses découvertes depuis le cap Farewell jusqu'à l'Inspectorat boréal d'Uppernavik, sous le 72° 50 de latitude[5].

Le scalde Helg chantait ceux qui bravaient l'effroyable tempête pour aller chasser et pêcher à Greipar « d'où l'étoile populaire était visible à midi[6] ».

Séduits par des chants de cette nature, emportés peut-être par leur humeur aventureuse, trois Normands osèrent remonter le détroit de Davis et la mer de Baffin jusqu'à l'île de Kingiktorsoak (des Femmes), sous le 72° 55 de latitude boréale, près de Tessuisak, où s'élève aujourd'hui la maison la plus septentrionale du globe.

Les anciennes chroniques ne conservent aucune trace de cette audacieuse expédition.

Mais les trois navigateurs, fiers à bon droit de leur œuvre, prirent soin d'en conserver le souvenir à la postérité. Ils gravèrent en runes, sur une pierre de l'île, une inscription dont voici la traduction :

> ERLING, FILS DE SIGVAT, ET BJARN, FILS DE THORD, ET ENDRIDE, FILS D'ODD, ÉRIGÈRENT CES MONCEAUX DE PIERRE LE SAMEDI AVANT LE JOUR DE GAGNDAG[7] ET DÉBLAYÈRENT LA PLACE[8] EN 1135.

Cette pierre a été trouvée en 1824, au sommet d'un rocher, par un groenlandais du nom de Pelinut. Le missionnaire Kragh eut l'honneur de la faire connaître et le capitaine Graah de la déposer au riche musée de la Société royale des Antiquaires du Nord[9].

« J'ai appris par M. Klaproth, » dit Humboldt, « que Rask et le savant Finn Magnusen ont avoué eux-mêmes que l'interprétation de la date (1135) n'était que vraisemblable, mais que la valeur numérique des runes employées sur le monument de Kingiktorsoak, n'est pas suffisamment confirmée par des exemples tirés d'autres inscriptions analogues. M. Rafn ajoute que les seize runes des calendriers, qui sont des lettres et des chiffres à la fois, ne suffisent pas pour interpréter avec quelque sûreté de très-grands nombres : enfin, pour tout dire, MM. Brynjulfsen et Mohnique inclinent à regarder le groupe des six runes qui terminent l'inscription non comme une indication donnée, mais comme un simple ornement[10] ».

Humboldt écrivait ces lignes en 1833. Ce n'est que seize ans plus tard, en 1849, que la Société royale des Antiquaires du Nord a donné son dernier mot. Danscet espace de temps, les nombreuses inscriptions runiques découvertesà Igalikko, Egegeit, Uppernavik, du 60° au 72° 50 de latitude nord, ont apporté de nouveaux éléments de comparaison et donné une plus grande certitude aux déductions des runologues. Les progrès accomplis dès 1848 faisaient dire au savant Humboldt que Brynjulfsen et Graah avaient reconnu, d'après d'autres indices, que le précieux monument de Kingiktorsoak appartient certainement aux XIe et XIIe siècles[11]. Il semble, en effet, que l'affirmation très-précise des savants danois ne laisse plus aucune place au doute, et que l'on peut regarder comme chose certaine la présence des Normands, en l'année 1135, sous le 72° 50 de latitude boréale[12].

1. ↑ RAFN, *Ant. Amer.*, pp. 273-276. — TH. TORFÆUS, *Gronlandia Antiqua*, cap. V, pp. 29-35. — M. E. BEAUVOIS, *op. cit.*, pp. 70-71.
2. ↑ BJORNUS JONÆUS, cité par Rafn, *Ant. Amer.*, pp. 296-300. — TH. TORFÆUS, *Gronlandia Antiqua*, cap. VI, pp. 39-41.
3. ↑ M. E. BEAUVOIS, *op. cit.*, p. 75.
4. ↑ « Ce mot, qui se prononce Gôr, est intraduisible ; nul autre n'en donne une idée exacte. Un gaard est un groupe plus ou moins considérable de maisons en bois, qui ne constituent à elles toutes qu'une seule habitation. Dans l'une de ces petites maisons, couchent tous les membres de la famille, souvent assez nombreuse ; dans une autre, ils se réunissent pour manger, dans une troisième est la cuisine, dans une quatrième la grange : il en est de même pour le grenier commun. En un mot, tout ce qui ordinairement demande une pièce séparée, forme ici une cabane à part. Un gaard, c'est une maison décomposée. Cette disposition singulière du gaard est particulière à la Norvége, elle y remplace le village ; le village est une agglomération de familles, le gaard est la famille primitive, dont les membres habitent, possèdent, vivent en commun ; il semble que ce soit l'élément le plus simple de la société, et qu'en Norvége on en soit resté à son premier degré ». (J.-J. AMPÈRE, *Littérature et Vqyages*, pp. 36, 37).
5. ↑ HUMBOLDT, *Examen critique de l'histoire de la géographie du Nouveau Continent*, t. II, pp. 94, 95.
6. ↑ *Homœotelevia Skaldhelgiana*, citée par Rafn, *Ant. Amer.*, pp. 276-278. — TH. TORFÆUS (*Gronl. Ant.*, pp. 30, 31), rapporte des fragments de chants composés sur le même thème.
7. ↑ Le 25 avril.
8. ↑ Ou gravèrent l'inscription.
9. ↑ RAFN, *Ant. Amer.*, pp. 347-355 et pl. VIII, fig. 3. — *Mémoires de la Société royale des Antiquaires du Nord*, 1845-1849, pp. 433, 434.
10. ↑ HUMBOLDT, *Examen critique*, t. II, p. 98, note 1.

11. ↑ HUMBOLDT, *Cosmos*, t. II, pp. 285 et 545.
12. ↑ M. North Ludlow Beamish reproduit le dessin que donne Rafn de la pierre de Kingiktorsoak et dit : « Quelques doutes furent exprimés par les runologues sur la signification des caractères du millésime, mais la forme spéciale des runes et autres indications certaines montrent que l'inscription ne peut être postérieure au XIIe siècle. Some doubts have been expressed by Runic scholars as to the signification of the characters representing the date, but the peculiar formation of the Runes, and other unerring indications shew that the inscription cannot be later than the 12th. century. » (*The discovery of America by the Northmen in the tenth century, with notices of the early settlement Irish in the western hemisphere* ; London, T. and W. Boone, 1841, p. 125.)

M. Beamish écrivait en 1841, huit ans après Humboldt, et déjà la science avait assez progressé pour qu'un écrivain sérieux pût donner une date presque certaine au monument de Kingiktorsoak.

Nous devons à M. Édouard Frère beaucoup de renseignements précieux, et particulièrement l'obligeante communication de l'œuvre qui vient d'être citée. Nous le prions d'agréer nos vifs remercîments.

CHAPITRE II.

1266.

Excursion de trois prêtres groenlandais dans le détroit de Barrow et le canal de Wellington.

En 1266, quelques ecclésiastiques de l'évêché de Gardar entreprirent de reculer encore, au septentrion, la limite des pays connus.

Ils partirent de Kroksfiardarheidi, station située au nord de la baie de Disco. Ils furent surpris par un de ces nuages blancs, denses « à couper au couteau, » qui s'avancent droits « comme un mur de pierre » et ne permettent pas de distinguer un ice-berg à trois longueurs de bateau. Ce nuage était poussé par un vent du sud. Ne pouvant songer à se diriger, ils se laissèrent aller à la dérive. Quand le soleil reparut, ils virent beaucoup d'îles, des phoques, des baleines et des ours. Ils pénétrèrent dans un golfe bordé, au nord et au sud, de glaciers qui s'étendaient à perte de vue. Ils découvrirent quelques vestiges d'habitations d'esquimaux, mais le grand nombre d'ours qui chassaient le phoque sur le rivage les empêcha d'aborder.

Après trois jours de navigation en arrière, ils découvrirent encore des traces de Skrellings dans des îles situées au sud d'une montagne appelée *Sniofell* (montagne de neige), « qui avait été connue autrefois ». Tout le jour de la fête de saint Jacques, ils ramèrent dans la direction de Kroksfiardarheidi. Il gelait pendant la nuit. Le soleil ne quittait pas l'horizon ; à midi, au sud, il était si peu élevé que l'ombre du plat-bord d'un bateau à six rames touchait le visage d'un homme couché près du plat-bord opposé ; à minuit, il était aussi élevé que dans la colonie groenlandaise au moment de sa plus grande hauteur nord-ouest.

Ils retournèrent à Gardar, portés par le courant polaire qui pénètre dans la mer de Baffin par les détroits de Barrow et de Lancaster et longe toute la côte orientale de l'Amérique du Nord.

La relation de cette expédition, adressée au prêtre groenlandais Arnald, chapelain de Magnus Hakonson, roi de Norvége, fut écrite par Haldor, prêtre groenlandais, sur le navire qui portait en Groenland l'évêque Olaf.

Les indications données sur la hauteur du soleil au 25 juillet 1266, jour de la fête de saint Jacques, ne donne pas de résultat précis parce qu'on ignore la profondeur du bateau. Rafn suppose que l'ombre formait avec le fond du bateau un angle de 33°, ce qui donne pour position le 75ᵉ degré de latitude nord.

La seconde observation donne un résultat plus satisfaisant. Au XIIIᵉ siècle, le 25 juillet,

  la déclinaison du soleil était = + 17° 54',

  l'obliquité de l'écliptique...... = 23° 32'.

En admettant que l'église de Garder est au 60° 55' de latitude septentrionale, la hauteur du soleil au nord-ouest est, au solstice d'été, de 3° 40'. Cette hauteur était celle du soleil de minuit le jour de saint Jacques 1266, sur le parallèle 75° 46', qui tombe un peu au nord du détroit de Barrow.

Ainsi, dit le savant Rafn, le voyage de découverte des prêtres groenlandais répond tout-à-fait à celui qui a été fait avec plus de soin de nos jours, et dont les distances géographiques ont été déterminées par William Parry, John Ross, James-Clark Ross et plusieurs autres navigateurs anglais dans leurs expéditions non moins hardies et dangereuses. C'est quelque peu humiliant pour notre orgueil national, s'écrie Beamish, de voir ces simples navigateurs du XIIIᵉ siècle, montés sur de méchantes barques, rivaliser avec les explorateurs septentrionaux les plus distingués de notre temps ; mais les documents qui relatent ces anciens voyages portent la conviction dans les esprits et ne laissent aucun doute sur leur authenticité[1].

La même année 1266, quand le prêtre Arnald quitta le Groenland, sur un navire qui fit naufrage en Islande, on trouva dans la mer quelques arbres, taillés avec des hachettes, et portant des coins faits de dents et d'os.

L'auteur des Annales Groenlandaises, qui constate ce fait pour l'année 1266, dit que les colons fréquentaient les régions boréales tant pour chasser et pêcher que pour se procurer du bois de construction[2].

Les courants apportent encore dans la mer de Baffin des bois arrachés aux côtes du Kamtschatka et au versant occidental de l'Amérique. Cette mer continue d'être fréquentée par les baleines ; comme au temps des Normands, des troupes nombreuses de phoques se jouent sur ses champs de glace, malgré l'homme et l'ours blanc, ses deux mortels ennemis. Ses îlots donnent toujours asile à des milliers de lummes et d'eiders. Comme jadis, le gibier gîte surtout au nord, dans l'étroite bande de terre qui sépare la mer du glacier qui paraît couvrir tout l'intérieur du Groenland. La nature elle-même se charge ainsi de confirmer l'exactitude des récits des vieux chroniqueurs.

1. ↑ Beamish, *op. cit.*, pp. 129, 130.
2. ↑ Rafn, *Ant. Amer.*, pp. 269-273. — *Découverte de l' Amérique au 10ᵉ siècle*, pp. 33, 34. — M. E. Beauvois, *op. cit.*, pp. 68-71. — Th. Torfæus, *Gronlandia Antiqua*, cap. v, pp. 27-29.

CHAPITRE III.

1285-1341.

Des prêtres islandais se réfugient à Terre-Neuve. — Expéditions de Landa-Rolf. — Épidémie. — Le Géographe Ivar Bardson.

ANDI que les colonies se multiplient sur la côte orientale du Groenland, qu'elles poussent des reconnaissances jusque dans l'extrême nord et demandent à l'Amérique du bois et des fourrures[1], l'Islande subit une crise religieuse.

Adalbrand et Thorvald Helgason avaient pris parti pour Arne Thorlakson, évêque de Skalholt, contre Erik, roi de Norvège, et Rafn Oddson, gouverneur de l'île.

Les annales islandaises signalent ces deux prêtres comme ayant pris une part des plus actives dans cette croisade contre le pouvoir civil.

En 1285, ils furent obligés de quitter l'île pour échapper au châtiment qu'ils avaient mérité. Ils naviguèrent à l'ouest et trouvèrent une terre qu'ils nommèrent *Fundii-Nyialand*, nom qui se retrouve tout entier, dit M. d'Avezac, dans la forme anglaise actuelle de *New-foundland*.

Adalbrand mourut l'année suivante, et Thorvald, tombé aux mains du gouverneur, fut déporté en Norvége[2]. Leur découverte ne fut pas sans résultat. En 1288, Erik envoya Landa-Rolf en Islande avec mission d'y enrôler des marins et de faire des découvertes dans les régions de l'ouest. Il montait probablement le long vaisseau dont parlent les annales de Skalholt.

Il mourut en 1295, après trois voyages mentionnés sous les dates de 1288, 1289 et 1290, mais sur lesquels on n'a malheureusement aucun détail[3]. Une épidémie sévissait alors cruellement et détournait des expéditions maritimes l'attention des chroniqueurs[4].

Les colonies, fortement compromises par cette épidémie, reprirent cependant peu à peu leur activité. En 1341, la couronne de Norvége leur accordait assez d'importance pour souhaiter d'en avoir une bonne description. Elle confia cet important travail à l'abbé Ivar Bardson, historien et géographe distingué.

Hakon, évêque de Bergen, lui remit une lettre de recommandation fort remarquable, écrite en latin et datée du 6 des ides d'août 1341. Ce précieux document a été retrouvé en 1843 par M. P.-A. Munch, professeur à Christiana[5].

Ivar a consciencieusement rempli sa mission. Il a fait de l'ancien Groenland une description qui donne à penser qu'il a visité tous les centres de population jusqu'à la baie de Disco. Rafn a publié ce travail dans ses *Antiquitates Americanæ* (pp. 302-318).

1. ↑ The discoverers of America were Merchants, their ships were called trading ships (Kaupskip)... All the expeditions which are related in these Sagas were undertaken either for the purposes of discovermg new countries, or making settlements in, or trading with, countries that had been already discovered. (BEAMISH, *op. cit.*, pp. 130, 131).
2. ↑ RAFN. *Ant. Amer.*, pp. 259-263, 451. — M. D'AVEZAC, *op. cit.*, f. III. — M. E. BEAUVOIS, *op. cit.*, p. 67, note I.
3. ↑ RAFN, *Ant. Amer.*, pp. 260, 261, 263.
4. ↑ Les *Annales Prætoritiorum* placent sous la date de 1287 ces tristes paroles : « His temporibus morbi graves incidebant, multæ continuae hicmes, et lues hominum, atque postea fames ».

5. ↑ *Mémoires de la Société royale des Antiquaires du Nord*, 1845-1849, p. 7.

SIXIÈME PARTIE.

—

PRÉDICATIONS CHRÉTIENNES EN AMÉRIQUE.

CHAPITRE I.

1059-1121.

ERIK-UPSI.

Jonus meurt en prêchant le christianisme en Amérique. — Erik-Upsi résigne l'évêché de Gardar pour rester en Amérique. — Ancien monument de Rhode-Island. — Le culte de la Croix en Gaspésie.

Dès le XIe siècle, les colonies du Vinland furent comprises dans les diocèses de Norvége et d'Islande.

Alors, comme au XVIe et au commencement du XVIIe siècle, on considérait l'Amérique et le Groenland comme une continuation de la Norvége. Les géographes prolongeaient le nord-est du Groenland jusqu'à la longitude du Spitzberg et le séparaient du nord de la presqu'île scandinave par un bras de mer ou des terres inconnues[1]. Cette erreur explique la facile soumission des colonies à la métropole.

Plus d'un prélat entreprit alors des visites pastorales et des tournées apostoliques dans ces lointaines contrées.

En 1059, Jonus, évêque saxon, vint en Islande. Après y avoir prêché pendant quatre ans, il se rendit au Vinland pour fortifier les colons dans la foi et tenter la conversion des peuplades indiennes qui commençaient à fournir des épouses aux Normands. Les Vinlandais le mirent à mort[2], ce qui porte à croire que ses efforts eurent peu de succès et qu'Odin regagnait dans ces contrées une partie du terrain qu'il avait perdu en Europe.

Les hommes du Vinland défendaient le paganisme comme Olaf Tryggvason et Olaf le Saint recommandaient le christianisme : à coups de hache. Des deux côtés de l'Atlantique c'était la même barbarie, la même intolérance. Il y avait mille raisons pour que régnicoles et colons vécussent en paix, unissent leurs efforts au profit de la prospérité commune ; les croyances religieuses, c'est-à-dire ce que les hommes comprennent le moins, les divisèrent, et cette division eut des conséquences que l'éloignement et le silence des historiens ne permettent pas d'apprécier, mais qui furent assurément très-fâcheuses.

En 1121, après diverses tentatives dont l'histoire n'a conservé qu'un très-vague souvenir, Erik-Upsi, islandais, premier évêque du Groenland[3], partit pour le Vinland. L'état religieux de cette contrée lui inspirait les plus vives inquiétudes[4].

Quelques auteurs prétendent que le digne pasteur revint à Gardar, siège de son diocèse ; mais Rafn, dont l'autorité est considérable, croit le contraire[5]. La renonciation d'Erik à l'évêché de Gardar, parvenue en Groenland vers 1122, prouve que l'idée chrétienne avait fait des progrès en Amérique, que les colonies de ce pays avaient une certaine importance, que ce prélat avait l'intention de leur consacrer ses jours. Il fut remplacé au siège de Gardar par Arnald, l'an 1124[6], sur la demande des colons groenlandais, réunis en diète générale par Sokke Thorerson, maître de la maison de Brattahlida et probablement descendant d'Erik le Rouge[7].

Les meilleurs manuscrits des annales de cette époque contiennent le rapport du voyage d'Erik en Vinland. Leur diversité dans les termes prouve des rédactions indépendantes les unes des autres et par conséquent l'authenticité du fond. Mais ces manuscrits ne disent rien des actes d'Erik en Vinland. La *Société royale des Antiquaires du Nord*, qui a fait de si précieuses découvertes depuis quarante ans, arrivera sans doute à lever le voile qui nous cache encore cette partie, très-intéressante, de l'histoire ancienne de l'Amérique. Elle arrivera peut-être aussi à trouver quelque pièce authentique sur cet ancien édifice de Newport, dont la construction, dit Rafn, paraît coïncider avec le séjour d'Erik dans le pays.

Ce curieux édifice est situé sur le sommet et à l'occident de la colline qui porte la partie haute de Newport.

Il est en granit brut du pays. Les pierres en sont liées par un mortier de sable très-résistant.

Il est de forme circulaire et porte sur huit arches appuyées sur autant de colonnes rondes, hautes de vingt-quatre pieds anglais. Rafn en donne une vue extérieure, une vue intérieure, une coupe et un plan dessinés par M. Catherwood, habile architecte américain[8].

En 1678, quarante ans après la seconde prise de possession de Rhode-Island par les Européens, Bénédict Arnold, gouverneur de l'île, le mentionne dans son testament sous le nom de *Moulin de pierre* et comme remontant à une haute antiquité.

En le comparant à des monuments dont l'origine Scandinave est bien établie, on arrive à fixer avec certitude la date de sa construction et sa destination primitive. On croit pouvoir assurer qu'avant d'être un magasin à fourrage, comme maintenant, un moulin, comme au temps de Bénédict Arnold, il fut un baptistère. C'est du moins ce que l'histoire et l'archéologie tendent à démontrer.

À l'origine du christianisme, comme nous l'apprennent les Pères de l'Église, on baptisait dans la mer, dans les fleuves, dans les fontaines, au bord des puits. Quand la religion nouvelle eut triomphé sous Constantin, on construisit de spacieux édifices, différant des églises par leur destination et appelés par les Latins, *sub dio* (en plein air), par les Grecs φωτιστήρια (lieux d'illumination). Ils étaient placés à peu de distance des églises pour montrer « que le baptême est la porte qui introduit l'homme dans l'Église de Dieu[9] ».

On a découvert des bâtiments à cet usage, isolés des églises, de même architecture que celui de Rhode-Island, à Igalikko, Kakortok, Iglorsoït ; à Pise, Parme, Ravenne et Florence il existe encore des baptistères construits dans les mêmes conditions d'isolement.

On n'a remarqué aucune trace d'église dans les environs du *Moulin de pierre*. Cela n'a rien d'étonnant. L'usage était, dans les premiers siècles, de n'avoir qu'un baptistère par diocèse, mais les besoins du culte exigeaient une chapelle ou une église par groupe de population. On construisit donc des églises en bois, comme on le fait encore dans certaines parties de la Norvège et en Groenland, mais on apporta plus de soin dans l'édification du baptistère, monument principal du diocèse et signe du siège épiscopal.

Outre le monument de Rhode-Island, les pionniers de la dernière découverte de l'Amérique ont trouvé dans ces contrées des croyances qui attestent le passage d'Erik, tout au moins le séjour des prêtres chrétiens.

Au XVIIe siècle, Christian Le Clerq, missionnaire récollet, habita douze ans[10] la Gaspésie, devenue successivement l'Acadie et la Nouvelle-Écosse, après avoir été le Markland des Scandinaves. Il y trouva, sur la création de l'homme et le déluge de Noé, des traditions qui semblent empruntées à la Genèse[11].

Frappé de ces similitudes, « il se pourroit faire, » dit le bon moine, « que ces peuples fussent instruits des misteres sacrez de nôtre sainte Religion, qu'ils eussent même la connoissance et l'usage des belles Lettres ». Il ajoute qu'ils purent, avec le temps, retomber dans l'ignorance et l'idolâtrie faute de ministres pour perfectionner leur instruction et maintenir la pureté de leur doctrine[12].

La prière qu'ils prononçaient chaque jour au lever du soleil semble un écho du Pater. Ilsdisaient à cet astre qu'ils considéraient, non comme un dieu, mais comme la manifestation la plus majestueuse de la divinité : « Donnez-nous la vie et la santé, à nous et à nos familles, la nourriture « de la journée, la victoire sur nos ennemis[13] ». Ils avaient le culte de la croix *immissa* †, c'est-à-dire de la croix reçue par les chrétiens à partir du ve siècle. Ce détail sur la forme de la croix n'est pas indifférent. Si les Gaspésiens avaient eu celle en monogramme 卐 que l'on trouve à l'origine des temps historiques de l'Inde, — ou celle que les théologiens appellent *commissa, patibula* ou *tau* T, qui se trouve également dans l'Inde à l'époque la plus reculée et chez les chrétiens des quatre premiers siècles[14], il serait impossible de se faire une opinion sur la cause et la date de son introduction dans le nord-ouest de l'Amérique. De ce que la croix des Gaspésiens est *immissa* ou latine, on admettra sans peine, au contraire, que ce peuple la reçut après le ve siècle, de la main des prêtres Scandinaves, les seuls dont la présence en Amérique avant le xve siècle soit constatée par des monuments authentiques.

Tous les Gaspésiens la portaient figurée sur leurs vêtements et sur leur chair ; ils l'avaient à la main dans toutes leurs cérémonies et dans tous leurs voyages ; ils la plaçaient à l'intérieur et à l'extérieur de leurs cabanes, sur les bateaux, même sur les raquettes. Ils en ornaient les langes des enfants et la considéraient comme le signe de leur supériorité sur les autres nations.

Les conseils gaspésiens se réunissaient autour d'une grande croix, et chaque conseiller en avait une petite à la main[15].

Quand un Gaspésien était envoyé en députation, le chef lui passait solennellement au col une très-belle croix et lui disait, à la fin d'un discours préparé : « Va, conserve cette Croix, qui te préservera de tous dangers auprès de ceux ausquels nous t'envoïons[16] ».

Les femmes enceintes en portaient une sur le ventre[17].

Un fait semble surtout caractéristique : le Gaspésien voulait une croix dans son cercueil et une croix sur sa tombe, en sorte que ses cimetières paraissaient « plutôt Chrétiens que Sauvages[18] ».

C'était là, sans nul doute, un écho des prédications chrétiennes en Amérique, une preuve du passage d'Erik-Upsi et des Normands, qui avaient leur principale station, dit Humboldt, à l'embouchure du Saint-Laurent, surtout dans la baie de Gaspé, en face de l'île d'Anticosti, où l'abondance et la facilité de la pêche les attiraient[19].

Le P. Ch. Le Clercq, qui tire une grande autorité de ses douze ans de séjour en Gaspésie, confirme ainsi cette appréciation : « Dans le particulier j'ai trouvé auprès de certains Sauvages, que nous appelions Porte-Croix, une matière suffisante pour faire conjecturer et croire même que ces Peuples n'ont pas eu l'oreille fermée à la voix des Apôtres[20] ».

1. ↑ V. les cartes de Sigurd Stephanius, de 1570, de Gudbrandus Torlacius, de 1606, et, *infra*, d'Antonio Zeno.
2. ↑ Mallet, *Introduction à l'histoire du Dannemarc*, t. I, p. 254. — *Islands Landnamabok*, p. 396. — Th. Torfæus, *Historia Vinlandiæ antiquæ*, p. 71.
3. ↑ *Rimbegla, sive rudimento computi ecclesiastici veterum Islatidorum*, éd. st. Bjornonis, Hafn, 1780, p. 320, cité par Rafn, *Ant. Amer.*, p. 258.
4. ↑ Rafn, *Ant. Amer.*, pp. 261, 262 ; — *Découverte de l'Amérique au 10e siècle*, pp. 50, 51. — M. E. Beauvois, *op. cit.*, p. 66. — Th. Torfæus, *Historia Vinlandiæ antiquæ*, p. 71.

5. ↑ Rafn, *Ant. Amer.*, pp. 452, 453. — *Découverte de l'Amérique au 10ᵉ siècle*, pp. 31.
6. ↑ Th. Torfæus, *Gronlandia Antiqua*, cap. xxx, p. 243.
7. ↑ « Sockius Thorerisfilius. (Eirico Rufoprognatusvidetur) ». (Th. Torfæus, *Gronlandia Antiqua*, cap. xxvi, p. 218).
8. ↑ Rafn, *Découverte de l'Amérique au 10ᵉ siècle*, pp. 51, 52 et pl. iii, iv, v.
9. ↑ M. l'abbé Martigny, *Dictionnaire des Antiquités chrétiennes*, Paris, Hachette, 1863 : verbo *Baptistères*.
10. ↑ Ch. Le Clerq, *Nouvelle relation de la Gaspésie qui contient les Mœurs et la Religion des Sauvages Gaspésiens Porte-Croix, Adorateurs du Soleil, et d'autres Peuples de l'Amérique septentrionale, dite Canada*. Paris, A. Auroy, 1691, 10-12, p. 171.
11. ↑ *Ibid.*, pp. 35-38.
12. ↑ *Ibid.*, pp. 39-40.
13. ↑ Ch. Le Clercq, *op. cit.*, p. 169.
14. ↑ On ne trouve qu'une seule fois la croix *immissa* sur les monuments antérieurs au vᵉ siècle : elle porte la date consulaire de 370. (M. l'abbé Martigny, *op. cit.*, au mot *Croix*).

On a découvert au Pérou, dans une tombe antérieure à la conquête espagnole, deux vases *bijugués* dont l'un est surmonté d'une statuette à pieds difformes qui porte dans ses bras une croix immissa d'assez grande dimension. (M. L. Figuier, *Les Merveilles de l'Industrie*, Paris, Furne, s. d. (1873), p. 337, fig. 242). L'empire des Incas fut fondé par Manco-Capac, au douzième ou au treizième siècle, et c'est à cette époque seulement que les arts firent leurs premiers pas au Pérou. Le vase en question dénote une certaine habileté et doit être par conséquent bien postérieur à la fondation de l'empire. Dans le cas où la croix dont il est orné aurait un caractère religieux, elle impliquerait la présence de chrétiens au Pérou entre le douzième et le seizième siècle. En tout cas, elle ne peut rien prouver contre la date admise pour l'adoption par les chrétiens de la croix *immissa*.

La croix du fameux bas-relief de Palenqué garde encore son secret. Elle est surmontée d'un coq qui rappelle soit celui qui figure, sur nos clochers, le symbole de la vigilance, soit celui qui, dans l'antique Iran, comme nous l'apprend M. J. Ménant (*Zoroastre, — Essai sur la philosophie religieuse de la Perse*, Paris, Derache, 1857. pp. 12 et 134), éveillait, par son chant matinal, le laboureur et le berger, et devait signaler, aux habitants des cieux et de la terre, la fin du temps qui passe et la résurrection. De chaque côté de la croix, chargée d'offrandes, se tient un personnage couvert d'ornements fantastiques. L'un d'eux lui présente un enfant. On peut inférer de ce détail qu'elle avait un caractère religieux.

D'après le chevalier Le Noir (*Antiquités mexicaines*, t. II, *Examen*, p. 73), les ruines de Palenqué peuvent remonter à trois mille ans. Valdeck (*Voyage en Yucatan*, p. 78), leur donne de deux à trois mille ans. Prescott (*History of the conquest of Mexico*, Paris, Baudry, 1844, t. III, p. 255, app. i) se fondant sur un passage de la relation manuscrite d'Ixtlilxochitl, pense que la construction de Palenqué pourrait bien ne remonter qu'au Xe siècle. D'après M. Viollet-Le-Duc (*Introduction aux Cités et ruines américaines* de M. Charnay, Paris, Gide, 1863, p. 74), le style de la sculpture est plus savant à Palenqué que dans les autres constructions anciennes du Mexique, mais il accuse une époque de décadence. Cette appréciation du savant architecte donne une grande force aux arguments de Prescott. M. Brasseur de Bourbourg, dont l'autorité est considérable, pense que Palenqué fut fondée par Votan, plusieurs siècles avant l'ère chrétienne. Mais comme les successeurs de Votan ont augmenté et orné de sculptures les anciennes constructions, le savant historien se demande si la croix, dont la forme primitive est à peu près latine, rappelle le souvenir d'un christianisme antérieur ou fait allusion à la crue des fleuves. Il fait d'ailleurs observer que, dans le culte toltèque et mexicain, la Croix était l'emblème de la pluie et le symbole de Cé-Acatl. (*Histoire des nations civilisées du Mexique et de l'Amérique centrale durant les siècles antérieurs à Christophe Colomb*, Paris, Bertrand, 1857, t. I, pp. 68-90).

Il semble bien difficile, en résumé, de trouver dans la croix de Palenqué, l'expression d'une idée chrétienne.

Sargon, roi d'Assyrie, parvenu au trône l'an 721 avant l'ère vulgaire, est représenté dans un bas-relief de Khorsabad avec une croix en pendant d'oreille. (M. J. MÉNANT, *Éléments d'épigraphie assyrienne. — Les écriture cunéiformes. — Exposé des travaux qui ont préparé la lecture et l'interprétation des inscriptions de la Perse et de l'Assyrie* ; 2e éd., Paris, Duprat, 1864, pp. 158 et 255).

Ainsi que M. Ménant a bien voulu nous l'expliquer, cette croix est un caprice d'artiste, sans aucune valeur symbolique.

Ainsi, sauf l'exemple cité plus haut, rien ne prouve que la croix *immissa* ait eu, avant le Ve siècle, le caractère religieux que lui attribue maintenant l'Église.

15. ↑ CH. LE CLERC, *op. cit.*, pp. 170-181.
16. ↑ *Ibid.* pp. 178-179.

17. ↑ *Ibid.* pp. 181.
18. ↑ *Ibid.* pp. 184-185.
19. ↑ Humboldt, *Examen critique*, t. II, p. 101.
20. ↑ Ch. Le Clercq, *op. cit.*, p. 169.

CHAPITRE II.

L'Amérique et le Groenland paient la dîme et le denier de Saint-Pierre.

C E qu'on vient de lire sur le baptistère de Newport et le culte de la Croix chez les Gaspésiens prouve que les prêtres normands ont longtemps habité l'Amérique avant l'arrivée de Colomb aux Antilles. Un fait certain, attesté par des pièces authentiques, c'est la prédication des Croisades dans cette partie du monde.

En 1261, l'évêque Olaf fut chargé, par la cour de Norvège, de préparer la réunion à la couronne des établissements Scandinaves d'outre-mer. Il profita de sa mission pour parler des Croisades et de l'intérêt qu'avait l'Église à la délivrance du tombeau de Jésus[1].

Quinze ans plus tard, sur ses indications sans doute, le Saint-Siége résolut une demande de subsides à ces lointaines contrées. Par lettre datée de Viterbe, le 4 décembre 1276, Jean XX ou XXI autorisa l'archevêque Jon, à cause de la longueur du chemin, à ne pas faire en personne le voyage du Groenland.

En 1279, Jon profita d'un vaisseau qui partait à destination de l'Amérique pour envoyer « une sage et discrète personne recueillir en son nom les dîmes et le produit des commutations de vœux, tant dans l'évêché de Gardar que dans les îles et terres voisines. Par lettre datée de Rome, le 31 janvier 1279, Nicolas III confirma les pleins pouvoirs donnés par l'archevêque au collecteur anonyme[2].

Trois ans après, cette sage et discrète personne revint en Norvége avec un chargement de dents de morse, de fanons de baleine et de pelleterie. Les colons américains n'étaient pas riches, et s'ils avaient quelques pièces d'or ou d'argent, ils les trouvaient trop précieuses pour s'en défaire.

L'archevêque, très-embarrassé de ses marchandises, demanda conseil à Rome. Martin IV lui répondit, par lettre du 4 mars 1282, que le meilleur était de vendre.

En 1307, les dîmes du Vinland figuraient encore dans le produit des collectes.

En 1309, après le concile de Vienne, une levée de subsides fut publiée et l'évêque de Gardar, Arnius, se rendit à sa résidence, en 1315[3], pour l'organiser. Les colons américains payèrent, comme toujours, en marchandises, et ces marchandises furent vendues en 1325, au flamand Jean du Pré, douze livres et quatorze sols tournois. En 1335, ces comptes furent définitivement arrêtés par Pierre Gervais[4].

En 1418, le Groenland payait encore annuellement au Saint-Siège, à titre de dîme et de denier de saint Pierre, 2 600 livres de dents de morse[5].

Bien que les colons américains ne payassent qu'en nature les indulgences qu'on leur apportait d'Europe, leurs présents étaient assez riches pour déterminer le voyage le plus long et le plus périlleux qu'on pût alors entreprendre.

1. ↑ M. P. RIANT, *Expéditions et pèlerinages des Scandinaves en Terre Sainte au temps des Croisades*. Paris, 1865, in-8° p. 364.
2. ↑ M. P. RIANT, *op. cit.*, p. 365.
3. ↑ Th. TORFÆUS, *Historia Gronlandia*, p. 251.
4. ↑ M. P. RIANT, *op. cit.*, pp. 393, 394.
5. ↑ KOHL, *op. cit.*, p. 94. — MALTE-BRUN, *op. cit.*, liv. XVIII, t. I, p. 289.

SEPTIÈME PARTIE.

—

NOUVELLE DÉCOUVERTE DE L'AMÉRIQUE À LA FIN DU XIVᵉ SIÈCLE.

CHAPITRE UNIQUE.

1388-1404.

Famille Sinclair. Son origine et son avènement au comté des Orcades. — Lutte de Henry Sinclair contre ses compétiteurs. — Arrivée de Nicolo Zeno en Frisland. — Conquête de Frisland. — Arrivée d'Antonio Zeno. — Excursions aux Shetland contre les pirates. — Excursions en Islande et en Groenland. — Récit d'un vieux marin Frislandais sur ses voyages en Amérique. — Sinclair s'établit en Estotiland (Terre-Neuve ou Nouveau-Brunswick).

L'un des seigneurs français que Guillaume le bâtard conduisit à la conquête de l'Angleterre se nommait, d'après la chronique de Bromton, *Seynt Cler*[1], d'après les listes de Leland, *Sires de*

S. Clere « de la retenance de monseir de Moison » [2] ; ce nom fut traduit en latin par *Sanctus Clarus*[3], en écossais par *Sanct Clare* ou *Sinclare*[4], en anglais moderne, par *Sinclair*[5].

Après la conquête, Sinclair trouva que Guillaume ne le récompensait pas selon ses mérites et le quitta pour aller chercher fortune en Écosse. Il trouva dans ce pays une courtoise réception. S'étant concilié la confiance du prince et l'estime du peuple, il s'éleva rapidement à la fortune et aux honneurs. Ses descendants, héritiers de sa loyauté et de ses vertus, obtinrent quelques-uns des premiers offices et les remplirent avec avantage pour le royaume et pour eux-mêmes. Au XIVe siècle, cette famille était représentée par William Saint-Clare ou Sinclair, baron de Roslin.

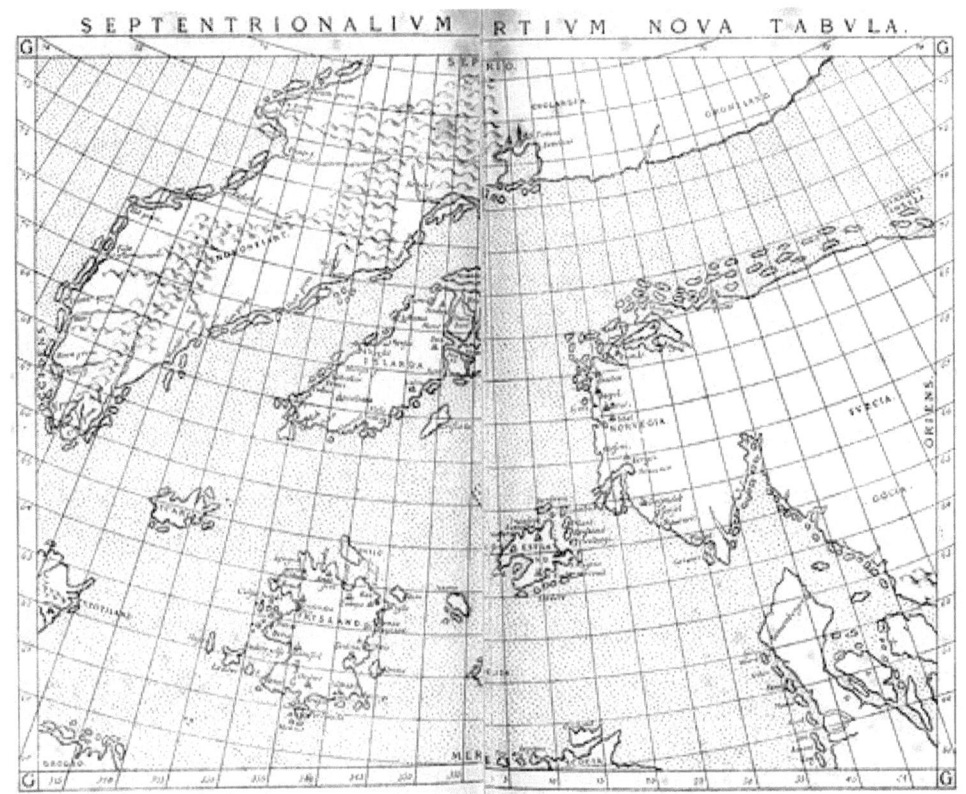

SEPTENTRIONALIVM PARTIVM NOVA TABVLA

De 1343, date de la mort de Magnus V, dernier comte de la race de Rognald, à 1369, date de la nomination de Sinclair au comté des Orcades, ces îles furent, pour ainsi dire, sans administration. Elles étaient partagées entre plusieurs seigneurs qui prétendaient descendre, par les femmes, des anciens princes normands : William Sinclair était du nombre. Ces chefs, retenus au loin par leurs intérêts, laissaient le peuple user, dans de stériles dissensions, l'énergie dont il aurait eu besoin pour se préserver des pirates, surtout des pirates écossais.

Henry Sinclair, fils de William, qui avait sur les Orcades les mêmes droits que Weyland de Ard et Malis Spere, saisit la première occasion favorable pour signaler au roi Hacon l'état de ces îles et en demander l'entière possession.

Cette faveur, contraire au droit féodal mais conforme aux intérêts du peuple, fut accordée sans difficulté.

À la sollicitation du nouveau comte, le roi d'Écosse défendit à ses sujets, sous les peines les plus sévères, d'aller pirater aux Orcades. Cette défense ayant eu, ce semble, l'effet désiré, Sinclair put employer toutes ses forces à la répression des tentatives que Malis et Weyland ou leurs héritiers faisaient sans cesse pour reconquérir leurs anciens droits.

Afin de prévenir le retour de l'anarchie et de fortifier sa position en enlevant tout espoir à ses compétiteurs, il sollicita du roi de Norvége, en 1379, la confirmation de ses droits. Le roi lui accorda sa demande, mais à de dures conditions, parce qu'il était sujet d'un prince étranger. Il est à croire que les mille nobles d'or qu'il offrit contribuèrent sensiblement à prouver ses mérites et la justice de sa cause.

Malis Spere et Alexandre, fils de Weyland de Ard, ne cessèrent pas néanmoins de l'inquiéter. Le dernier, à qui le roi de Norvége avait donné le comté pour un an, s'était même rendu très-dangereux par ses pirateries. En faisant la guerre à ce représentant du pouvoir royal, Sinclair put paraître s'attaquer à la couronne. Le roi ne le prit pas ainsi puisque c'est en 1379, quatre ans après la nomination d'Alexandre, probablement au fort de la lutte, qu'il confirma Sinclair dans la possession du comté.

En 1388, Malis était encore aux Shetland où, probablement, selon Barry, il cabalait contre Sinclair, intervenait dans l'administration, peut-être dans la collection des revenus.

« Pour ces motifs ou des semblables, » les deux cousins en vinrent aux armes ; Malis Spere fut enlevé avec sept hommes, et le reste de ses compagnons, s'échappant avec peine, gagna la Norvége en bateau.

Cet illustre comte, dit encore Barry, épousa d'abord une fille du roi de Danemark dont il n'eut pas d'enfants ; il prit en secondes noces Jeanne, fille de Walter Haliburton, lord Dirleton, qui lui donna plusieurs enfants, dont un fils qui lui succéda sous le nom de Henry II.

Henry II semble avoir pris possession des Orcades aussitôt après la mort de son père, il serait, dans ce cas, le vainqueur de Malis. Il fut, comme son père, un homme intelligent et brave, et son règne ne fut pas sans gloire[6].

De 1388 à 1390, au moment de la défaite de Malis, Nicolo Zeno, d'une illustre famille vénitienne, armait un navire à ses frais et partait pour visiter l'Angleterre et la Flandre[7].

Une affreuse tempête le saisit, le ballotta de longs jours, et finit par le briser sur une île qui porte dans les anciennes cartes le nom de Frisland ou Frislandia. Les insulaires étaient sur le point de lui faire un mauvais parti quand le prince des Orcades le vint prendre sous sa protection.

Dans la relation publiée par Marcolini et reproduite dans les *raccolte* de Ramusio, Nicolo donne à ce prince le nom de Zichmni.

Nous avons sous les yeux la liste des comtes souverains des Orcades depuis Rognald, père de Rolf, duc de Normandie, jusqu'à John III, lord Sinclair, qui vivait au milieu du xviiie siècle : on n'y trouve pas le nom de Zichmni[8].

Il est certain que, vers la fin du xive siècle, Henry Sinclair était comte des Orcades ; il est également certain que nous ignorons aujourd'hui comment, à cette époque, les hommes du Nord prononçaient Sinclair ou son équivalent, et comment un italien pouvait entendre et traduire ce nom. Des écrivains de grande valeur, notamment Forster[9] et M. Major[10] voient dans Sinclair et Zichmni un seul et même personnage.

D'après Barry et la relation de Nicolo Zeno, Sinclair était seigneur de Caithness, en Écosse, et des Shetland, des Portland, îles riches et populeuses, et du duché de Sorand, partie de Frislandia qui fait face à l'Écosse.

Sinclair était brave, belliqueux, très-habile marin. Il ne voulait pas que ses peuples fussent rançonnés par les pirates et souhaitait sans doute de rendre son nom glorieux.

À cette époque, le nord de l'Europe était désolé par la piraterie. On jugera de l'intensité de ce fléau par ces seuls exemples : Quatre forteresses suédoises des plus importantes avaient pour gouverneurs des pirates ; l'archevêque Arendt Clemenssen exerçait la piraterie ; le roi des trois royaumes, Erik de Poméramie, faisait ouvertement cet odieux métier.

Dans ces conditions, un homme de la valeur de Nicolo Zeno était pour Sinclair une précieuse acquisition. Ce prince, reconnaissant que le naufragé vénitien était habile guerrier et bon marin, s'empressa de le prendre à son service et l'attacha comme capitaine à la flotte qu'il destinait alors à la conquête de Frisland. Cet archipel était-il dans l'anarchie comme l'Écosse et les pays scandinaves ? Servait-il de repaire aux pirates ? Quoiqu'il en soit, la conquête en paraissait et en fut facile, et Sinclair compta sans doute que son suzerain, le roi de Norvége, approuverait sans peine le fait accompli.

L'amiral eut ordre de ne rien faire sans l'avis de Nicolo. Sinclair prit le commandement de l'armée de terre. La flotte et l'armée, s'appuyant réciproquement, manœuvrèrent près des côtes occidentales et eurent de si grands succès que l'île tout entière fut soumise dans l'espace d'une campagne.

Ils revinrent victorieux et chargés de butin.

Ils avaient trouvé à l'est des pêcheries qui fournissaient du poisson à la Flandre, à la Bretagne, à l'Angleterre, à l'Écosse, au Danemark et à la Norvége. Toute la mer de Frisland était remplie de bas-fonds et de rochers ; sans les Vénitiens, dit Zeno, toute la flotte se serait perdue corps et biens.

Sinclair, « qui se connaissait en vaillants hommes, surtout en bons marins », fit Zeno chevalier et gratifia généreusement tous ses compagnons.

Nicolo, enchanté de sa nouvelle position, écrivit alors à son frère Antonio : « Si vous voulez voir le monde, pratiquer diverses nations, vous faire un nom illustre et une grande position, suivez la longue route que j'ai parcourue au milieu des dangers dont je suis sorti sain et sauf ; je vous recevrai avec le plus grand plaisir parce que vous êtes mon frère par la valeur et par le sang ».

Antonio se rendit à l'appel de son frère et vécut en Frisland pendant quatorze ans[11].

Cette île de Frisland, que Sinclair venait de joindre à sa principauté, fut l'objet de bien des hypothèses. Les meilleurs géographes s'accordent cependant, avec raison, ce semble, pour la confondre avec les Feroë.

La racine de Feroë est *Fara* ; de Fara on a fait successivement *Far-or*, *Fœr œr* et *Fair-island*[12], nom que l'on reconnaît sans peine dans Frisland, devenu le Frislandia des italiens[13]. Forster[14] et Buache[15] ont retrouvé dans les noms actuels des îles et ports du groupe des Feroë une bonne partie de ceux donnés par les Zeni.

Ces îles sont indiquées sous le nom de Frislandia dans les mappemondes de Bianco (1436) et de Fra Mauro (1459) ; on les trouve encore, sous le même nom, dans les cartes de Juan de la Cosa (1500), de Ruscelli (1561), de Mercator (1569 et 1634), de Sigurd Stephanius (1570), de Michaël Lok (1582), de Gudbrandus Torlacius (1606).

À ces autorités, la plupart d'un poids considérable, on peut ajouter celle de Christophe Colomb.

« L'an 1477, au mois de février, je naviguai, dit-il, plus de cent lieues au-delà de *Tile*, dont la partie méridionale est éloignée de l'équateur de 73 degrés et non de 63, comme le prétendent quelques géographes, et *Tile* n'est pas placé en dedans de la ligne qui termine (embrasse, incline) l'occident de Ptolémée. Les Anglais, principalement ceux de Bristol, vont avec leurs marchandises à cette île, qui est aussi grande que l'Angleterre. Lorsque je m'y trouvai, la mer n'était pas gelée, quoique les marées y soient si fortes qu'elles y montaient à 26 brasses et descendaient autant. Il est vrai que le *Tile* dont parle Ptolémée, se trouve là où il le place et se nomme aujourd'hui Frislande ». Ce passage, observe Humboldt, est doublement remarquable à cause de ce nom de Frisland, célèbre par le voyage des vénitiens Nicolo et Antonio Zeno, qui, de 1388 à 1404, firent des explorations dans le Nord. « Colomb, ajoute l'éminent écrivain, ne connaissait certainement pas le journal manuscrit d'Antonio Zeno qui, comme nous le savons, resta oublié dans sa famille jusqu'en 1558, où parut l'édition de Marcolini, cinquante-deux ans après la mort de l'amiral, et dix-huit ans après celle de Fernando, qui, par conséquent, n'a fait aucune interpolation. Ce ne sont pas les frères Zeni qui ont inventé ce nom de Frisland, que nous ne confondrons pas avec l'île des Morues (île de Stockfisch, Stokafixa) sur la septième carte de l'atlas d'André Bianco, dessiné en 1426[16] ».

Frislandia est beaucoup plus grande qu'aucune des îles de l'archipel Feroëde. Cela tient à ce que les anciens géographes considéraient parfois les archipels comme ne formant qu'une seule terre et n'en relevaient que la configuration extérieure sans tenir compte des canaux qui la divisaient. La même erreur se reproduit dans le dessin des Shetland. On remarque, au contraire, dans les anciennes cartes, que Terre-Neuve, qui ne forme qu'une grande île, est représentée comme un petit archipel.

Dans les cartes citées plus haut, Frislandia est portée trop à l'ouest ; Michaël Lok la place même sous le méridien du cap Farewell. Par contre, on la trouve toujours à la latitude des Feroë. Ce fait n'est étrange qu'en apparence parce qu'alors on calculait assez exactement les hauteurs en latitude, tandis qu'on ne savait évaluer que par estime les distances en longitude. On sait d'ailleurs que la position d'une terre qui n'a pas été déterminée astronomiquement peut varier dans des proportions très-considérables.

Sur les portulans du XIVe et du XVe siècle, les côtes sont dessinées avec une admirable précision, d'après les rumbs des vents, qui sont indiqués par une multitude de lignes se croisant dans tous les sens, mais on n'y trouve aucune mention des latitudes et des longitudes.

La carte originale des frères Zeni, qui devait être construite d'après les mêmes procédés, ne contenait, vraisemblablement, comme leurs récits, aucune indication de latitudes et de longitudes. On ne peut donc attribuer aux deux navigateurs les erreurs de la *Carta di navigar*, publiée par Marcolini et reproduite par Girolamo Ruscelli, dans sa *Geographia di Tolomeo* (1561), sous le titre *Septentrionalium partium nova tabula*[17].

De ce que Frislandia ne se trouve pas à l'endroit indiqué par les anciennes cartes, on en a conclu qu'elle est fabuleuse ou que les flots l'ont engloutie. D'après les conjectures de quelques historiens, Vankeulen a mis cette mention sur ses cartes : « Cette terre a été submergée et n'a plus aujourd'hui qu'un quart de lieue de circuit, lorsque la mer est grosse ; c'étoit, il y a bien des années, une grande île nommée Frislande, qui avoit bien cent mille de circuit, et sur laquelle il y avoit plusieurs villages ». Le P. Coronelli publiait une carte particulière de Frisland sous ce titre : *Frislanda scoperta da Nicolo Zeno, patricio Veneto, creduta favolosa, o nel mare sommersa*. Et cependant, il disait dans son *Isolario*, que les Vénitiens tenaient pour authentique l'histoire des découvertes des frères Zeni. Comment concilier la tradition vénitienne avec le *creduta favolosa* de la carte ?

Buache observe, avec raison, que la submersion d'une île aussi grande supposerait une révolution terrible dont on aurait au loin ressenti les effets. Or, tandis que l'on connaît dans leurs moindres détails les ravages que la mer a faits, depuis l'an 800, aux îles voisines du Jutland, que l'on a la date des principaux événements survenus en Islande depuis le IXe siècle, on ne trouve aucun souvenir de la submersion totale de Frislande, qui n'aurait pu arriver qu'après l'an 1400. « Supposition pour supposition », dit ce savant géographe, « il me semblerait beaucoup plus simple et même plus naturel de supposer une erreur dans les Cartes géographiques, que d'admettre gratuitement une révolution si étonnante[18] ».

On a vu que, d'après la relation de Nicolo Zeno, les eaux de Frisland étaient poissonneuses et remplies de bas-fonds. Aujourd'hui, comme au temps des Zeni, on fait dans ces eaux des pêches très-fructueuses et, chaque année, beaucoup de navires y périssent corps et biens.

Frisland, que nous croyons pouvoir maintenant identifier avec les Feroë, devint le centre des expéditions ultérieures de Sinclair.

Tandis que ce prince en faisait la conquête, des pirates ravageaient les Shetland, indiquées dans la carte et la relation des Zeni comme une grande île nommée Estland ou Estlanda, située entre la Frisland et la Norvège. Le chroniqueur dit que Nicolo, envoyé pour la prendre, dut s'enfuir devant une flotte nombreuse du roi de Norvége ; que cette flotte fut détruite dans les bas-fonds par une tempête ; que Nicolo, après des pertes sérieuses, se réfugia dans une île déserte, du nom de Grislanda, située sur la marge orientale de l'Islande[19].

Comme on l'a déjà dit, l'histoire ne mentionne aucune guerre entre le roi de Norvége et le comte des Orcades. D'un autre côté, Sinclair était seigneur des Shetland et pouvait avoir à les défendre, non à les conquérir. Il est probable que Malis Spere, le vaincu de 1388, avait recommencé ses déprédations, et que la flotte norvégienne dont il est parlé portait tout simplement, avec des compagnons de Spere, Alexandre de Ard, ancien comte des Orcades, ou des pirates scandinaves.

En apprenant que la flotte de ses ennemis est détruite et que la sienne est en vue de l'Islande, Sinclair vint tenter une descente dans cette île.

D'après la carte et la relation des Zeni, les Orcadiens auraient reconnu sur les côtes de l'Islande sept îles nommées Talas, Broas, Iscant, Trans, Mimant, Dambert et Bres.

Sinclair laissa, dans Bres, Nicolo avec quelques navires, des hommes et des munitions[20].

On objecte avec raison, que les annales de l'Islande ne parlent point de cette invasion ; qu'il n'y a pas d'îles à l'endroit indiqué ; que les noms donnés par Antonio ne sont pas nordiķes.

Il serait puéril de contester la gravité de la première objection. On peut cependant répondre : que beaucoup des chroniques islandaises sont perdues ou non encore connues des savants ; qu'Antonio a pu se méprendre sur le but de l'expédition ; qu'Islandais, Frislandais et Orcadiens étaient frères d'origine et en rapport de commerce ; que des historiens feroëdes prétendent que leur pays et l'Islande furent plusieurs fois en guerre.

On peut répondre à la seconde objection que l'orient de l'Islande est creusé de fjords nombreux et de longs fleuves qui pouvaient facilement faire supposer à des observateurs peu attentifs, que cette partie de l'île était un petit archipel. Pareille erreur, nous l'avons déjà rappelé, s'est produite pour Terre-Neuve.

Quant à l'invraisemblance des noms, on remarquera que les voyageurs défigurent les sons des langues qu'ils ignorent, surtout, dit Humboldt, quand une fausse érudition dirige les interprétations. Dans les noms de lieux cités par les naturels d'Haïti, de Cuba, de Veragua, Colomb crut reconnaître ceux des villes dont Marco Polo décrivit les merveilles[21]. Les Zeni n'étaient pas plus habiles que l'illustre génois et purent rendre méconnaissable des noms scandinaves. Au mois de juillet suivant, Nicolo partant du fort de l'île de Bres prit au Nord, dans l'espoir de découvrir de nouvelles terres.

Il débarqua dans une contrée nommée, dans la relation, Engroveland, dans la carte, Grolandia. Il y trouva, par 69°[22] de latitude nord, un monastère de l'ordre des Prédicateurs et une église dédiée à saint Thomas. Dans le voisinage se trouvait une montagne qui jetait des flammes comme le Vésuve et l'Etna, et une source d'eau chaude que l'on utilisait au chauffage du monastère et de l'église, à l'alimentation de la cuisine et du jardin.

Les moines étaient norvégiens, danois, surtout islandais. Ils parlaient habituellement latin. Les naturels, émerveillés de leur habileté, les prenaient pour des demi-dieux, les reconnaissaient pour seigneurs et pourvoyaient à leurs besoins.

La source d'eau chaude entretenait constamment à l'état liquide la petite baie, très-poissonneuse, qui s'ouvrait devant le monastère. Des navires de toutes les contrées du Nord venaient y échanger les produits de l'Europe contre des peaux et du poisson sec. En hiver, les navires retardataires étaient emprisonnés par les glaces[23].

Les naturels se servaient très-habilement et avec une incroyable audace de canots en cuir semblables aux kayaks décrits par M. X. Marmier[24] et le docteur Hayes[25]. On n'a pas revu le monastère de Saint-Thomas et son église. Leur existence n'en est cependant pas moins certaine.

D'anciens auteurs du Nord prétendent qu'en 1244 un monastère fut fondé sur les côtes du Groenland. Mercator, qui résume la relation des navigateurs vénitiens, dit : « Nous connaissons en Groenland deux habitations : *Albe et le monastère de Saint-Thomas*[26] ». Dans sa carte du pôle arctique, dont la projection est plus exacte que celle de la carte de Ruscelli, Albe et Saint-Thomas sont situés par 70° de latitude.

En 1564, lorsque le gouverneur de l'Islande confisqua les revenus du couvent de Helgaffoël, un vieux moine, qui prétendait avoir habité Saint-Thomas, fit du monastère une description conforme à celle des Zeni. La même année 1564, un navire fut chargé de vérifier le rapport du moine. Les matelots ne franchirent que très-difficilement le mur de glace qui bordait la terre ferme. Cette difficulté surmontée, ils se trouvèrent en présence d'une troupe d'ours blancs et souffrirent un froid d'une excessive intensité. Désespérant d'atteindre le but qui leur était indiqué, ils revinrent de suite en Islande [27].

Les difficultés qui arrêtaient les Islandais n'empêchaient pas les courses vagabondes des Esquimaux. Une de leurs troupes, venue dans les colonies danoises, probablement pour y faire des échanges, prétendait qu'elle avait vu des ruines d'habitations bien loin au nord, sur la côte orientale du Groenland. Ces ruines, dit Malte-Brun, sont peut-être celles du monastère de Saint-Thomas[28].

Scoresby a trouvé, par le 70e degré, des bras de mer longs et profonds, des habitations semblables à celles des Esquimaux, un pays couvert d'herbes et de plantes[29].

Les frères Moraves ont vu, dans le vieux Groenland oriental, des plaines ondoyantes et des golfes qui, comme celui de Saint-Thomas, restaient libres derrière d'énormes amas de *drifts-ice* (glaces flottantes) que les courants polaires chassent des ténèbres boréales au golfe du Mexique. Ils y rencontrèrent aussi des tribus qui entretenaient des relations avec d'autres tribus beaucoup plus septentrionales[30].

De 1828 à 1830, le capitaine Graah, de la marine danoise, rencontra, par le 69e parallèle, environ 600 personnes de type européen[31]. Cette peuplade a subi des guerres, des épidémies, des hivers d'une excessive rigueur ; on peut la considérer comme un débris conservé providentiellement pour attester devant l'histoire l'existence de colonies européennes dans ces contrées.

Les sources chaudes de la petite île d'Onartok ne sont pas les seules du Groenland. Malte-Brun en signale deux autres, mais sans indiquer leur position. En 1783, le 11 juin, à l'époque de l'effroyable éruption du Krapta-Syssel, entre le 67e et le 77e parallèle, au milieu d'énormes amas de neige, un volcan lança trois immenses colonnes de flamme qui furent aperçus de l'Islande[32]. Des baleiniers ont éprouvé des secousses en pleine mer et vu des amas de pierres ponces flottantes qui paraissaient indiquer l'existence de volcans vers le 75e degré de latitude boréale[33].

La baie de Saint-Thomas est maintenant inaccessible, mais jadis elle pouvait être ouverte plusieurs mois de l'année. L'accroissement continuel du glacier rend le climat de plus en plus rigoureux, la contrée de moins en moins habitable.

Par cette raison même, les côtes orientales, comme les côtes occidentales, se trouvèrent autrefois dans des conditions meilleures qu'aujourd'hui et pouvaient, il y a bientôt cinq cents ans, posséder le couvent de moines dont parle Antonio Zeno.

Il n'y a donc aucun motif de nier l'existence de ce couvent ou de supposer, contrairement au texte précis de la relation, qu'il fut situé sur une côte plus méridionale.

Nicolo n'était plus d'âge à passer impunément des lagunes de Venise aux confins de la terre habitable. Le climat rigoureux de Saint-Thomas lui devint fatal. Il se hâta, mais vainement, d'aller chercher en Frisland, une température plus douce. Il mourut peu de temps après son retour. Pendant quatre années, il avait utilement concouru aux succès remportés par Sinclair dans les mers du Nord.

Dans ce temps-là, un vieux marin frislandais prétendait avoir vu, dans l'ouest, des pays riches et populeux. Il y a vingt-six ans, disait-il, quatre navires pêcheurs faisaient voile au couchant. Assaillis par une affreuse tempête, ils furent longtemps comme perdus au milieu des flots. Au retour du beau temps, ils se trouvaient à mille milles de leur pays, près d'une île nommée Estotiland.

Un équipage, composé de six hommes, fut pris par les insulaires et conduit dans une ville très-belle et très-peuplée. Le roi manda plusieurs interprètes, mais aucun ne savait la langue du Nord, si ce n'est un latin arrivé dans ce pays par fortune de mer. Quand le roi sut que ces hommes étaient frislandais et naviguaient pour la pêche, il résolut de les garder. Ils se soumirent à sa volonté, ne pouvant autrement faire, restèrent cinq ans dans le pays et en apprirent la langue.

L'un d'eux reconnut que l'Estotiland est un peu moins grand que l'Islande, mais plus fertile ; qu'il est arrosé par quatre fleuves qui prennent leur source dans une montagne ; que les habitants en sont ingénieux et paraissent avoir eu jadis des rapports avec la Frisland, parce qu'ils en pratiquent tous les arts, surtout parce qu'il y a, dans la bibliothèque du roi, des livres latins qu'ils ne comprennent plus[34]. Leur langue et leurs caractères alphabétiques diffèrent de ceux de Frisland. Le pays abonde en pelleterie, en soufre, en poix. On dit qu'au sud se trouvent des contrées populeuses et riches en or.

Les habitants cultivent des grains et font de la cervoise. La contrée est couverte de forêts, de villes et de châteaux. Il y a des navires, mais on n'y connaît pas l'usage de l'aiguille aimantée.

Les Frislandais, tenus en grande estime pour leurs connaissances nautiques, furent envoyés à Drogeo, région méridionale, avec douze navires. Une effroyable tempête, comme le *Gulf Stream* en cause fréquemment dans ces parages, les jeta sur une côte inconnue, fréquentée par des anthropophages. Quelques hommes seulement furent épargnés parce que l'un d'eux apprit au chef des sauvages à pécher au filet.

Leur renommée se répandit au loin. Un chef voisin les captura, un autre les lui enleva pour les perdre à son tour. Ils changèrent ainsi de maîtres vingt-cinq fois dans l'espace de treize ans. Les Patagons se disputaient de même la possession de l'infortuné Guinard dont ils admiraient la supériorité intellectuelle tout en le martyrisant.

Ils virent un *pays très-grand, et comme un nouveau monde*[35], des populations grossières, allant nues faute de savoir se couvrir de la peau des animaux qu'elles tuaient, n'ayant point de métaux, vivant de chasse, portant des lances en bois et des arcs, se combattant avec férocité et mangeant leurs prisonniers.

Mais plus en avant, vers le sud-ouest, disait le vieux pécheur, on trouve plus de civilité à cause de la douceur du climat. Il y a là des cités, des temples et des idoles auxquelles on sacrifie des hommes que l'on mange ensuite. On y connaît quelque peu l'usage de l'or et de l'argent[36].

Ce pêcheur résolut de retourner dans son pays. Ses compagnons n'osèrent pas tenter les mêmes aventures et le laissèrent partir seul. Il s'enfuit à travers bois, remonta la chaîne de ses anciens maîtres, qui ne cherchèrent point à le retenir, et finit par gagner Drogeo. Il était là depuis trois ans quand il fut recueilli par un navire de l'Estotiland.

Il navigua quelque temps avec les marins qui l'avaient reçu et devint assez riche pour équiper un navire à ses frais et revenir dans sa patrie « porter à son seigneur la nouvelle de la découverte de ce richissime pays ».

Sur ce récit, dont l'exactitude fut confirmée par les marins, Sinclair résolut de tenter la conquête de ces lointaines contrées. Il arma dans ce but une flotte nombreuse.

« Nos préparatifs de départ pour l'Estotiland, dit Antonio, furent faits sous de mauvais auspices. Trois jours avant notre départ, mourut le vieux pêcheur qui devait nous servir de guide. Zichmni, ne voulant point abandonner son projet, le remplaça par quelques mariniers qui avaient vu l'Estotiland ».

Après des aventures de mer qui mirent la flotte en danger, Sinclair atteignit un bon port ; « mais un peuple, pour ainsi dire innombrable et bien disposé à se défendre, lui en interdit l'entrée ». Tous ses efforts pour prendre terre sur un point quelconque de l'île échouèrent devant l'active surveillance et le courage des indigènes.

Antonio donne à cette île le nom d'Icaria, et aux rois d'Icaria, qu'il fait descendre d'un prétendu Dedalus, roi d'Écosse, celui d'Icarus.

Sinclair reconnut qu'il ne pourrait rien faire dans ce pays et qu'à s'obstiner dans son projet il épuiserait inutilement ses provisions. Il leva l'ancre par un beau temps et navigua six jours à l'ouest ; la mer devint alors mauvaise et le vent, tournant au sud-ouest, le prit en poupe pendant quatre jours au bout desquels on vit la terre. Sinclair envoya, pour reconnaître cette terre, quelques hommes qui revinrent peu après avec cette bonne nouvelle, que le pays était très-beau et le mouillage excellent. Il fit approcher ses navires et débarqua.

Il trouva des eaux poissonneuses, une côte fréquentée par quantité d'oiseaux de mer, un rivage couvert d'œufs. Dans la pensée que le pays était inhabité, il donna au port et au promontoire le nom de *Trin*.

Apercevant au loin une montagne qui lançait de la fumée, il envoya cent hommes à la découverte. Après une absence de huit jours, ces hommes lui apprirent que la fumée provenait d'un grand souterrain et d'une fontaine qui rejetaient vers la mer des matières semblables au goudron ; qu'il y avait des peuples nombreux, à demi-sauvages, de petite stature qui, à leur approche, se cachèrent dans des cavernes ; qu'un grand fleuve coulait à peu de distance et qu'il existait un bon port.

Le capitaine normand apprit ces détails avec plaisir. Trouvant en outre le pays salubre, bien arrosé, fertile, il résolut d'y fonder un établissement.

Mais ses hommes étaient fatigués des longueurs et des incertitudes de la navigation. Beaucoup souhaitaient de revoir leurs familles ; quelques-uns craignaient de passer l'hiver dans un pays qu'ils ne connaissaient pas. Sinclair ne fit rien pour les retenir. Il remit à son amiral Antonio le commandement de ses navires à voile, et tous ceux qui le voulurent retournèrent en Frisland avec lui.

« Je partis donc, » dit Antonio, « mais bien contre mon gré. Je naviguai à l'est pendant vingt jours. Tournant ensuite au sud-est, j'arrivai en cinq jours à l'île de Neome, où je reconnus que j'avais passé l'Islande. Je pris des rafraîchissements dans cette île, qui était soumise à Zichmni ; me remettant en route par un bon vent, je fus en trois jours en Frisland, où le peuple, qui croyait avoir perdu son prince, à cause de la longueur de son absence, donna des témoignages de la plus grande joie[37] ».

Le reste de la relation est malheureusement perdu, ainsi que les divers ouvrages qu'Antonio annonçait à son frère Carlo *il Grande* sur l'histoire naturelle et la législation des pays du nord, sur les expéditions de Nicolo et la vie du prince Zichmni. Cette perte est infiniment regrettable, car l'amiral donnait peut-être dans ces pièces des renseignements précis, décisifs sur les expéditions faites de son temps dans les régions du nord et de l'ouest.

Cependant, certains des faits qui viennent d'être racontés permettent d'entrevoir la vérité.

Les noms de Dedalus et d'Icaria ne peuvent être que des réminiscences mythologiques. Antonio, comme tous les patriciens de la noble cité de Venise, était très-lettré. Imbu des souvenirs poétiques de Rome et d'Athènes, peu habitué aux dialectes du Nord, il crut reconnaître, dans des sons qu'il entendit mal, des sons familiers à son enfance. La présence, sur les frontières de l'Amérique, de colons écossais ou irlandais, n'a d'ailleurs rien de surprenant. L'île d'Icarie n'a d'impossible que le nom.

Les cartes de Ruscelli et d'Ortelius la placent entre l'Islande, le Groenland et l'Estotiland, dans un endroit où l'on ne connaît aucune terre. Mais on sait, dit Buache, que la position d'une île qui n'est pas fixée par des observations astronomiques peut varier de deux à trois cents lieues. Les cartes, données sur les journaux des navigateurs et l'estime des pilotes, reproduisent les erreurs dont l'estime est susceptible. Au temps des grandes navigations et des premières découvertes, ces erreurs étaient très-considérables. Il arriva qu'une île vue par trois navigateurs fut regardée par chacun d'eux comme une nouvelle découverte, parut sur les cartes dans trois positions différentes et sous trois différents noms. La *Géorgie* de Cook, par exemple, est la même que l'île *Saint-Pierre* de Duclos-Guyot et que la *Terre de la Roche* du capitaine de la Roche. En 1708, le chevalier Hébert donna son nom aux îles de Tristan d'Acugna, dont il se croyait à 400 lieues[38].

« Nous avons eu lieu de faire remarquer, » dit M. d'Avezac, « en parlant des îles de la Trinité et de Martin Vas, que l'Ascension, figurée sur les anciennes cartes à cent lieues dans l'ouest de la Trinité, était simplement un double emploi, une seconde édition de cette même île de la Trinité. De telles erreurs, tout énormes qu'elles soient, étaient autrefois assez communes ; les Portugais, dans leurs routiers même les plus estimés, supposaient une distance de 120 lieues entre la Trinité et les îlots de Martin « Vas, et nous savons pertinemment que cette distance n'est que de neuf lieues[39] ».

Icaria peut avoir été l'objet de pareille erreur et se trouver beaucoup plus près de la côte que ne l'indique la carte de Ruscelli. Zurla et von Eggers la font correspondre à Terre-Neuve et cette hypothèse semble bien voisine de la vérité.

C'est probablement dans l'Estotiland du vieux pêcheur qu'il faut chercher le nouvel établissement du comte des Orcades.

Ce mot *Estotiland* paraît une traduction littérale du nordike *East-outland*, terre extérieure de l'est, dénomination vraie par rapport à la situation du Labrador, du Nouveau-Brunswick et de Terre-Neuve.

D'après la relation, l'Estotiland était montagneux, bien arrosé, couvert de vastes forêts ; on trouva des livres latins dans la bibliothèque du roi et les habitants, initiés aux arts de l'Europe, paraissent avoir eu des relations avec les hommes du Nord. — Le Markland est montagneux, bien arrosé et doit à ses forêts le nom que lui donna Leif le Fortuné ; les livres latins rappellent le martyrede Jon, les prédications de l'évêque Erik et la nation des Porte-Croix ; la connaissance de nos arts éveille le souvenir des colonies normandes.

D'un autre côté, le nom d'Estotiland convient mieux à Terre-Neuve qu'au Labrador ou au Nouveau-Brunswick : le vieux pêcheur dit qu'Estotiland est une île un peu moins grande que l'Islande, et les Anglais ont trouvé dans cette île les restes de murs de pierre et des monnaies flamandes qui semblent se rapporter au passage de Sinclair.

Forster[40] et Malte-Brun[41], qui d'ailleurs placent à tort le Vinland en Terre-Neuve, pensent que cette dernière terre est l'Estoliland des Frislandais.

Les distances marquées dans la relation permettent d'affirmer que l'Estotiland était en Amérique, mais elles sont trop vagues pour nous autoriser à indiquer un point précis de la carte.

D'après le vieux marin, l'Estotiland était à mille milles de Frisland. Ces mille milles, évalués dans la relation à 200 lieues (norvégiennes ou danoises), répondent à 350 de nos lieues marines. La distance des Feroë aux côtes de l'Amérique étant d'environ 500 lieues, nous avons une différence de 150 lieues. Mais outre que ce marin, qui fut porté par le courant, a pu se tromper dans son estime, il est possible, comme l'observe Buache, qu'il ait réduit la distance pour déterminer plus facilement Sinclair à rechercher le pays de sa découverte.

Antonio nous apprend qu'en partant du cap Trin il a navigué vingt jours à l'est ; qu'ayant mis le cap au sud-est, il arriva en cinq jours à l'île de Neome, qui fait partie des Feroë. Il résulte de ces détails qu'il faut compter ses vingt jours de marche du cap Trin au méridien des Feroë. Un jour de navigation à voile par un beau temps, dans le sens du courant, ne représente pas moins de 24 à 25 lieues, et vingt jours environ 500 lieues, soit la distance des Feroë aux côtes de l'Amérique.

Drogeo, qui vient après l'Estotiland, est à peine indiqué dans la relation. Lelewel, et après lui le savant Kohl, la confondent avec le Vinland ou Nouvelle-Angleterre[42]. Cette opinion ne repose que sur la *Carta di Navigar*, mais elle est très-soutenable du moment où l'on admet l'authenticité de la relation des frères Zeni.

Quant au pays du sud-ouest qui avait des villes, des temples et des idoles, qui sacrifiait à ses dieux des victimes humaines et connaissait l'or et l'argent, il ne peut être que la Floride. Plusieurs auteurs penchent pour le Mexique, mais à tort, ce semble, car cette province est séparée des côtes orientales de l'Amérique du Nord par des obstacles qu'un homme seul ne saurait franchir.

En résumé, il est incontestable que, tout au commencement du XVe siècle, les Normands ont planté de nouveau leur étendard sur les côtes de l'Amérique, soit dans le Nouveau-Brunswick, soit à Terre-Neuve.

1. ↑ *Rerum Atiglic. Script*, t. I, col. 963, éd. Selden.
2. ↑ *Collectanea de rebus brittanicis*, éd. Hearne, vol. I, pp. 202-206.
3. ↑ Diploma, or deduction concerning the Genealogies of the Ancient Counts of Orkney, from their First Creation to the Fifteenth Century : Drawn up from the most authentic Records, by Thomas, Bishop of Orkney, with the Assistance of his Clergy, and others, in consequence of an Order from Eric King of Denmark, to investigate the Right of William Sinclair to the Earldom. Ap. BARRY, pp. 401-409. Cette pièce est écrite en latin et datée du 4 mai 1403.
4. ↑ Traduction écossaise du *Diploma* de Thomas, faite en 1554, par Deine Thomas Gwle, moine de Newbothill, pour Wilzem Sanclair. Ap. Barry, pp. 410-419. — *From sir James Balfour's Catalogue of the Scottish nobility, ms in the Advocat's Library,* Edinburg. He was Lord Lyon King at Arms in the Beginning of King Charles the First's Reign. Cap. of the Orkney. Ap. BARRY, pp. 420-424.
5. ↑ *History of the Orkney Islands*, etc., by the late Rev. Dr. BARRY. 2^d éd., with corrections and additions by the Rev. James HEADRICK ; Book II, chapt. IV, p. 202. London, 1808.
6. ↑ BARRY, *op. cit.*, pp. 199-203.

7. ↑ Assaltato in quel mare da Tramontana con animo di veder l'inghilterra e la Flandra. (RAMUSIO, *Delle navigationi et viaggi*. — *Dello scoprimento dell'isola Frislanda, Eslanda, Engrovelanda, Estotilanda, et Icaria. Fatto per due fratelli Zeni M. Nicolo il Cavaliero, et M. Antonio*. T. II, in Venetia, 1606, f. 230 r.

Ramutio {*op. cit.*, f. 230 r.) et Ruscelli (*Geographia di Tolomeo*) fixent à 1380 le départ de Nicolo, Mais le cardinal Zurla (*Diss. intorno ai viaggi e scoperte settentr. di Nicolo e d'Antonio fratelli Zeni*, dans le second volume de l'ouvrage de Marco Polo *e degli altri viaggiatori veneziani*, 1809, pp. 6-94) prouve que Nicolo partit de 1388 à 130. L'éditeur de Ramusio a pu écrire *mille, e trecento, et ottanta* pour *mille, e trecento, e novanta*, ou bien omettre l'adjectif *otto* après *ottanta*. En tout cas, les meilleurs écrivains acceptent la date établie par Zurla.

8. ↑ *Table of the Ancient Counts of Orkney, according to the Genealogical Series above stated also of the Line of these Counts down to this Day. A Succession so long continued, and so well vonched, that no Family in any Nation can boast of the like ; Having for its Foundation these concurring Authorities ; first, those followed by the Little Parliament of this Country, in their Genealogical Series before mentioned ; Secondly, those followed in the Orcades of Torfœus, and Orkneyinga Saga ; and lastly, the Authority of that great Antiquary, Sir James Balfour, King at Arms, in his Catalogue of the Scots Nobility* (Ap. Barry, App. V, pp. 426-428).

9. ↑ J.-R. FORSTER, *Histoire des découvertes et des voyages faits dans le Nord*. Trad. Breussonnet, Paris, 1788, t. I, pp. 328-331.

10. ↑ M. R.-H. Major, *The site of the Lost Colony of Greenland Determined, and pre-Columbian discoveries of american confirmed* (Abstract.) Ap. *Slip of meeting of the royal Geographical Society of 9th June 1873*. — Registred for transmission abroad, and published July 11th, 1873. (Communication de M. d'Avczac).

11. ↑ RAMUSIO, *op. cit.*, t. II, ff. 230 r. et 231 r.

12. ↑ Communication de M. d'Avezac. — *Far*, en danois, signifie bélier, *Œr*, île. (FORSTER, *op. cit.*, pp. 318 et 327). Far-Œr peut donc se traduire par *île aux béliers*, nom qui convient encore parfaitement aux Feroë.

13. ↑ Lucas Jacobson Debes, qui fit en danois une description des Feroë, dans le pays même, en 1670, examine l'opinion des savants sur l'origine du nom de ces îles. Il conclut de cet examen que *Feroë* vient de *fare*, qui, « dans l'ancienne langue de ces îles, signifie la même chose que le mot *ferrie*, en anglais, c'est-à-dire un passage d'eau ; c'est à ce mot, sans doute, qu'il faut aussi rapporter l'origine des noms de *bosphore*, de *far* et de *fretum*, par lesquels on a désigné les détroits. Les îles de Fer-oë sont, comme on le voit par la carte, pleines de golfes, de détroits, de passages d'eau ; c'est

vraiment le pays des détroits. Or, il est visible qu'on a pu les appeler *Ferrie-land* au lieu de Fer-oë, c'est-à-dire *terre*, au lieu d'*îles*, par la même raison qu'on a appelé *Schetland* au *Hitland* un autre corps d'îles semblable à celle-ci, et qui en est assez proche. De Ferrieland à Frislande, il n'y a pas, ce me semble, de différence assez considérable, pour ne pas reconnoître l'un de ces noms dans l'autre ». (BUACHE, *Mémoire sur l'île de Frislande* (lu le 9 juillet 1785), ap. *Mémoires de l'Académie royale des Sciences*, année 1784, vol. daté de 1787, pp. 450, 451).

D'après M. Gaffarel, les Feroë s'appelaient autrefois *Fers ey land* et, par une prosthèse qui leur était habituelle, les Scandinaves changèrent ce nom en celui de *Fereysland*. (M. GAFFAREL, *op. cit.*, p. 273.)

« Friesland dérive suivant toute apparence de *Faira, North Fara, South Fara* ou *terre de Fara* ». (FORSTER, *op. cit.*, t. I, p. 286, n. a.

14. ↑ FORSTER, *op. cit.*, t. I, pp. 286, 325.
15. ↑ BUACHE, *op. cit.*, pp. 447-450.
16. ↑ HUMBOLT. *Examen critique*, t. II, pp. 105-107.
17. ↑ Nous donnons ici un fac-similé de la reproduction de Ruscelli.
18. ↑ BUACHE, *op. cit.*, p. 434.
19. ↑ RAMUSIO, *op. cit.*, t. II, f. 231 r.
20. ↑ RAMUSIO, *op. cit.*, t. II, f. 231 r.
21. ↑ HUMBOLDT, *Examen critique*, t. II, p. 122.
22. ↑ Par suite d'un vice de projection, toutes les parties de la *Carta di navigar* sont de 5° 30' trop au nord. Elle indique ainsi 74° 30' au lieu de 69°.
23. ↑ Ramusio, *op. cit.*., t. II, f. 281, r. et v.
24. ↑ M. X. MARMIER, *Lettres sur l'Islande*, pp. XXIX, XXX.
25. ↑ Docteur HAYES, *Voyage à la mer libre du pôle arctique*. (*Le Tour du Monde*, t. XVII, pp. 118 et 121).
26. ↑ *Atlas minor Gerardi Mercatoris à J. Hondio plurimis œneis Tabulis auctus et illustratus : denuo recognitus additisque noris delineationibus emendatus*. Amsterdam, 1634, p. 22.
27. ↑ M. GAFFAREL, *op. cit.*, p. 276.
28. ↑ MALTE-BRUN, *Coup d'œil sur les découvertes géographiques qui restent à faire et sur les meilleurs moyens de les effectuer.* (*Nouvelles annales des Voyages*, t. I, 1819, pp. 95-97.)
29. ↑ *Nouvelles annales des Voyages*, t. XX, 1823, p. 421.
30. ↑ *Nouvelles annales des Voyages*, t. XIII, 1822, p. 287.
31. ↑ MALTE-BRUN, *Géographie complète et universelle*, liv. CII, t. V, p. 43.
32. ↑ MALTE-BRUN, *op. cit.*, liv. CIII, t. V, p. 39. « Voyez l'excellent rapportée M. Magnus Stéphenson, dans Hooker's *Tour in Iceland*, p. 423. La supposition d'une distance de 156 milles donnerait à ce phénomène lumineux, l'œil étant placé à l'horizon, une élévation de 20 000 pieds. On

connaît des basaltes et des dolérites, non encore des trachytes et des volcans actifs dans le Groenland, parcouru par M. Giseke et d'autres naturalistes. Est-on sûr que l'éruption lumineuse ne fut pas dans la mer, par conséquent plus près de l'Islande ? Cependant, les feux qui s'élevèrent en trois immenses colonnes, le 11 juin 1783, près des rivières Skapta et Hwerfisfliôt, furent aussi vues, selon M. Magnus Stéphenson, à la distance de 56 lieues nautiques. » (HOOKER'S *Tour*, p. 409, cité par Humboldt, *Examen critique*, t. II, p. 93, note 2).

33. ↑ MALTE-BRUN, *op. cit.*, liv. CIII, t. V, p. 55.
34. ↑ ... e credili, che in altri tempi havessero commercio con i nostri, perche dice d'aver veduti libri Lalini nella libraria del Re, che non vengono hora da lor intesi. (RAMUSIO, *op. cit.*, t. II, f. 232 a.)
35. ↑ Et dice il paese essere grandissime, et quasi un nuovo mondo. (RAMUSIO, *op. cit.*, t. II, f. 282 b).
36. ↑ Ma piu che si va verso Garbino, vi si trova piu civilità per l'aere temperato, che v'è : di maniera, che si sono città, tempij a gli Idoli, et vi sacrificano gli huomini, et se li mangiano poi, havendo in questa parte qualche intelligenza et use dell'oro, et dell' argento. (RAMUSIO, *op. cit.*, f. 232 c).
37. ↑ RAMUSIO, *op. cit.*, t. II, ff. 231 v. — 233 v.
38. ↑ BUACHE, *op. cit.*, pp. 435, 436.
39. ↑ M. d'Avezac, Les îles de l'Afrique. 3e partie, p. 299. Coll. de l'*Univers*).
40. ↑ FORSTER, *op. cit.*, t. I, pp. 322, 323.
41. ↑ MALTE-BRUN. *op. cit.*, liv. XVIII, t. I, p. 208.
42. ↑ KOHL, *op. cit.*, p. 105, 106.

HUITIÈME PARTIE.

—

DÉCADENCE ET RUINE DES COLONIES NORMANDES DE L'AMÉRIQUE.

CHAPITRE I.

Causes de ruine. — Opinion de Humboldt sur l'existence d'un môle de glace autour du Groenland. — Réunion des colonies américaines à la couronne de Norvége. — La peste noire de 1347 à 1351. — Marguerite de Waldemar déclare les colonies domaine de la couronne.

QUELQUES auteurs pensent que de gigantesques banquises ont bloqué les côtes de l'Amérique du Nord et formé une barrière infranchissable entre les colonies vinlandaises et celles du Groenland ; que, par suite de leur isolement, ces colonies ne purent résister aux attaques incessantes des Skrellings.

Les Skrellings, que le gouvernement danois traite maintenant avec une bienveillance intelligente et paternelle, qu'il élève peu à peu par la douceur de son administration, par ses missionnaires et ses écoles, exercèrent incontestablement une action néfaste sur les anciennes colonies.

Quant au mur de glace que le courant polaire aurait momentanément fixé sur les côtes, il n'est pas admis par Humboldt. « Aujourd'hui, » dit l'éminent écrivain, « on ne croit plus aux fables météorologiques d'un changement subit de climat, de la formation d'un môle de glace qui aurait complètement séparé de leur métropole les colonies fondées dans le Groenland[1] ».

Si le môle de glace est une fiction, il n'en est pas de même du glacier dont les derniers explorateurs, notamment Kane et le docteur Hayes, ont constaté l'existence.

La goutte de rosée que distille la fleur des tropiques tombe sur le gazon, glisse dans le ruisseau, et va, par la rivière, s'ajouter au volume de l'Océan. Un chaud rayon de soleil la caresse, l'enlève dans le nuage et la confie aux vents qui la portent aux montagnes du Nord. Saisie par la brise, elle devient un léger flocon de neige voltigeant dans l'espace comme un blanc papillon et finit par toucher le sol où le froid impitoyable la transforme en cristal.

Les gouttes de rosée cristallisées qui s'ajoutent l'une à l'autre depuis des milliers, peut-être depuis des millions d'années ont formé, du cap Farewell aux régions inexplorées du Nord, un immense champ de glace, qui s'avance lentement, mais d'un pas mathématique. De sa masse se détache ce que les Danois appellent, très-exactement, les *rivières de glace*. Par ces rivières, les gouttes de rosée viennent se fondre dans l'Océan pour recommencer la série de leurs transformations.

À mesure que le glacier et ses rivières s'avancent vers la mer, le froid augmente d'intensité, la bordure de terre habitable se rétrécit. Il est certain que le Groenland d'aujourd'hui n'a pas, à beaucoup près, la température de la *Terre-Verte*, retrouvée par Erik le Rouge il y a bientôt neuf cents ans.

L'action des glaces sur la destinée des colonies groenlandaises est donc bien réelle, mais on doit l'attribuer au glacier, non à l'existence temporaire d'un môle de glace.

La cause de ruine la plus efficace est l'œuvre de l'administration norvégienne.

Les colonies américaines et groenlandaises entretenaient de fréquents rapports avec la métropole, surtout avec l'Islande. Elles échangeaient contre du fer et des armes, des bois précieux, des pelleteries, des dents de phoque, de l'huile de baleine[2]. La pêche était très-abondante, et les colons ne craignaient pas, comme on l'a vu, de poursuivre le poisson jusque dans les régions polaires.

La couronne crut fort habile de s'approprier le monopole de leur commerce. Cette politique enrichit quelques particuliers mais ne profita point à la Norvége.

Les colonies cessèrent de prospérer, par conséquent d'amener à elles de nouvelles recrues par le prestige d'une vie libre et l'assurance de gains certains. Elles cessèrent ainsi de gagner du terrain et combattirent plus mollement contre les Esquimaux. Quand arriva la peste noire de 1347 à 1351, elles furent presque anéanties.

Mais ce fléau avait pesé sur le nord de l'Europe comme sur le nord de l'Amérique[3] et détendu les liens qui fixaient les colonies à la métropole. Ce relâchement leur permit sans doute de reprendre vigueur, car, dès 1389, Marguerite de Waldemar, régente des trois royaumes scandinaves, les déclara domaines de la couronne et défendit aux marchands, sous les peines les plus sévères, d'y aborder « à moins de pouvoir justifier qu'il leur a été impossible de résister à la force des vents et aux môles de glace qui flottent sur les eaux[4] ».

Cette décision eut les conséquences les plus désastreuses.

La marine scandinave ne put se mouvoir avec les nouvelles entraves qu'on lui imposait, et celle des villes Hanséatiques la supplanta peu à peu dans toutes les mers septentrionales qu'elle avait parcourues en souveraine du IXe au XIVe siècle.

À ces causes de décadence se joignirent les pirates, et, au premier rang, Henry Sinclair et les fameux Frères Vivandiers.

1. ↑ HUMBOLDT, *Cosmos*, t. II, p. 346
2. ↑ TH. TORFÆUS, *Historia Vinlandiœ Antiquœ*, p. 71.
3. ↑ ISAACUS PONTANUS, *Rerum danicaruvi historia, libris XI. Unoq. Tomo ad domum usq. Oldenburgium deducta.* Amsterdam, 1631, p. 476.
4. ↑ I. PONTANUS, *op. cit.*, p. 521.

CHAPITRE III.

LES PIRATES.

Les *Victualie Brœdre* désolent les états Scandinaves. — Sont vaincus et exilés. — Une partie de leur troupe établit son repaire dans le voisinage du Groenland. — Le Huitserk. — Pining et Pothorst. — Une nouvelle troupe de pirates sort des ports de l'Angleterre. — Jean de Danemark la chasse des mers du Nord et en prend une partie à sa solde pour détruire les corsaires du Groenland.

EN 1418, le Groenland fut dévasté par des flottes « venues on ne sait d'où ».

Le caractère aventureux de Henry Sinclair et son voisinage des colonies d'Erik portent à croire que ces flottes étaient les siennes[1]. Il est certain toutefois qu'il ne fut pas seul à piller ce malheureux pays et qu'il n'eut pas la plus grande part à sa ruine.

Au temps de ses expéditions dans le nord de l'Atlantique, les états scandinaves et les villes hanséatiques étaient désolés par des pirates nommés *Victualie Brœdre* (frères vivandiers).

Quand Marguerite de Waldemar fut victorieuse d'Albert de Mecklembourg, roi de Suède, les états Scandinaves unirent leurs forces contre les pirates, les chassèrent de la Baltique et les condamnèrent à l'exil[2]. En 1439, quarante-trois ans plus tard, ils ravageaient la ville de Bergen[3], ce qui prouve que la victoire des rois alliés ne fut pas aussi décisive qu'on pourrait le croire. Les pirates se répandirent dans la mer du Nord et une partie de leur troupe prit part à la ruine des colonies groenlandaises.

Olaus Magnus dit qu'en 1495 (nous pensons qu'il faut lire 1485) Pining et Pothorst se réfugièrent dans l'îlot de Huitsark, situé à mi-chemin de l'Islande et du Groenland. Dans la version toscane de son œuvre, la gravure placée en tête du premier des deux chapitres XI du IIe livre représente, près du Groenland et au sud-est, un îlot sur lequel on lit : *Mons. Hvit. Sark.*

Dans le portulan de Sigurd Stephanius, de 1570, le nom de Huitserk est donné à la partie de la côte groenlandaise opposée au nord de l'Islande.

Rafn croit retrouver *Hvitserkr* dans le cap Farewell et fait venir ce nom de *Hvitr* (blanc) et de *Serkr* (tunique), ce qui signifierait Mont ou Promontoire couvert de glace[4].

L'opinion du savant professeur paraît seule admissible : il n'y a pas d'îlot à l'endroit indiqué par Olaus ; le dessin de la version toscane est trop grossier pour qu'on puisse en tirer aucune induction géographique ; le Huitserk de Sigurd, loin de la route des navires, était inhabitable : le cap Farewell, au contraire, était parfaitement situé pour un nid de pirates.

Pour découvrir de plus loin les navires, Pinning et Pothorst avaient creusé un observatoire dans le roc qui leur servait de repaire. Ils commettaient mille atrocités sur tous ceux qui passaient à leur portée[5]. Ils avaient de petites embarcations en cuir armées d'éperons. Au lieu de donner l'abordage, ils perforaient les vaisseaux en les frappant au-dessous de leur ligne de flottaison. Olaus ne dit pas ce que faisaient les corsaires au moment de l'immersion des navires, mais on supplée facilement à son silence.

« En 1505, dit le même auteur, j'ai vu deux de ces petites embarcations en cuir au-dessus de la porte occidentale de l'église métropolitaine d'Opsolo, dédiée à saint Halvard. On prétend que le roi Haquin les a prises sur les côtesdu Groenland, au moment où, peut-être, les corsaires pensaient à couler ses navires[6] ».

Ce fait n'est pas exact. Huit rois du nom de Haquin ont régné sur la Norvège. Le dernier est mort en 1380, sans avoir vu le Groenland. Haquin VI, surnommé Gamle (le Vieux), a conquis l'Islande et le Groenland en 1261[7]. Il put exposer des barques en cuir dans la cathédrale d'Opsolo, mais il les avait prises sur les Esquimaux ou les Groenlandais, non sur les frères vivandiers, qui ne vinrent à Huitserk que vers 1795.

En 1485, une nouvelle troupe de pirates sortit des ports de l'Angleterre et se répandit dans les mers du Nord. Le roi Jean de Danemark leur déclara une guerre implacable et parvint, non sans peine, à les disperser[8]. D'après M. Hartmann, il aurait pris à sa solde deux d'entre eux, Pynnink et Pyckhorst, dont le nom ressemble beaucoup à celui des deux forbans d'Olaus, et les aurait chargés de détruire les corsaires de Huitserk[9].

Tous ces détails sont confus et contradictoires. Il en ressort cependant un fait : les pirates tirent cause commune avec le froid, les Esquimaux, la peste et les jurisconsultes de Marguerite de Waldemar pour ruiner les colonies fondées par les Scandinaves sur les côtes de l'Amérique et du Groenland.

1. ↑ Humboldt, *Cosmos*, t. ii, p. 346. — Malte-Brun, *op. cit.*, liv. cii, t. v, p. 42. — M. l'abbé Brasseur de Bourbourg, *Histoire des nations civilisées du Mexique et de l'Amérique centrale*, t. i, pp. 21, 22. — Nicolas V, dans sa lettre de 1448 aux évêques de Skalholt et Holum, dit que, trente ans avant, les colonies groenlandaises furent dévastées par une flotte venue des côtes voisines. (*Extrait des Archives du Vatican*, par Paul Egedes Efferretninger, cite par Beamish, *loc. cit.*, p. 155.)
2. ↑ J.-B. Eyries, *Danemark*, p. 96 (Collection de l'*Univers*). Le Bas, *Histoire de Suède*, p. 33 (Collection de l'*Univers*.)
3. ↑ Mallet, *Histoire du Dannemarc*, t. iv, p. 451.
4. ↑ Rafn, *Ant. Amer.*, pp. 304 et 410.
5. ↑ *Historia dellee genti et della nattera delle cose settentrionali da Olao Magno Gotho Arcivescovo di Upsala nel Regno di Suepa e Gopa, descritta in XXII libri. Nuovamente tradotta in lingua Toscana opera molto dilettevole per le varie et mirabili cose, molto diverse dalle nostre, che in essa sileggono.* In Vinegia J. Giunti, 1565, lib. ii, cap. xi, f. 27 e. f. Dans ce livre II, il y a deux chapitres XI comme dans l'édition latine de 1555.
6. ↑ *Historia de gentibus septentrionalibus, authore Olao Magno Gotlio, Archiepiscopo Upsalensi, Suetiæ et Gothiæ Primate*. Autuerpise. Apud Joannem Bellerum, sub insigni Falconiæ, 1562, lib. ii, cap. xi.
7. ↑ Le Bas, *Histoire de Norvége*, p. 21 (Coll. de l'Univers).
8. ↑ Eyriès, *op. cit.*, p. 34.
9. ↑ M. Zartmann, *op. cit.*, p. 59.

NEUVIÈME PARTIE.

—

PREUVES ARCHÉOLOGIQUES
DU SÉJOUR
DES NORMANDS EN
AMÉRIQUE.

CHAPITRE UNIQUE.

Retranchements et tumuli de l'Amérique du Nord et de l'Amérique-Centrale. — Tumuli danois et irlandais. — Camps retranchés de l'Irlande. — Ancienne ville normande du Brésil. — Traditions mexicaines. — Liste des évêques qui ont occupé le siége de Gardar de 1121 à 1535.

Les hommes du Vinland supportaient impatiemment, comme leurs pères, la domination royale. Pressés par le monopole, par les Skrellings et les pirates, décimés par les épidémies, ils crurent sage de chercher une nouvelle patrie et s'enfoncèrent dans les vastes forêts qui s'étendaient derrière eux.

Sur les rives de l'Ohio, du Missouri, du Mississipi, c'est-à-dire sur la route qu'ils auraient dû suivre pour gagner l'Amérique du Sud, on trouve les ruines d'un grand nombre de camps et d'enceintes qui rappellent par leur étendue, leur situation et leur destination un genre de constructions très-répandues dans le Nord de l'Europe.

Bien que les constructions américaines soient déformées par le temps, on en distingue les angles. D'après Carver, leur tracé était conforme aux règles de l'art militaire et d'une précision digne du fameux Vauban[1].

Elles affectent particulièrement la forme du cercle et du carré. Mais quand le terrain est accidenté, qu'elles servent à protéger des positions fortifiées par la nature, leurs lignes sont habilement modifiées : le cercle s'allonge en ellipse, le polygone se substitue au carré, et chaque section du retranchement présente l'obstacle indiqué par les nécessités de la défense.

Les différents ouvrages d'un même camp sont reliés par des chemins couverts.

Les murailles sont en terre, ou en terre mêlée de pierres. Elles ont habituellement de six à onze mètres d'épaisseur à la base et de deux à quatre de hauteur. Les fossés ont environ six mètres de largeur.

Les ruines d'Uzteilan, sur la Rock River, dans le Wisconsin, présentent quelques particularités.

Elles se composent d'un retranchement qui entoure vingt arpents de terre. Ce retranchement est protégé, du côté du fleuve, par un rempart de douze à quinze pieds de hauteur, en d'autres endroits, par une muraille de briques haute de quatre pieds et large de vingt-cinq. À des distances régulières d'environ vingt pieds, se trouvent des ouvrages saillants demi-circulaires. En dehors des murailles, de grands retranchements carrés se présentent comme des ouvrages avancés. Dans la place ceinte de murailles, on voit les traces de maisons et de rues qui semblent avoir été détruites par les flammes. Sur les remparts croissent des chènes dont les cercles concentriques accusent de six à huit cents ans d'existence. À 180 mètres de distance se trouvent cinquante monticules coniques, de dimensions différentes ; plusieurs sont hauts de six à sept mètres.

M. Richter d'Otsego (État de New-York), voit, dans les ruines, une ancienne habitation scandinave et, dans les monticules, des tombeaux qu'il serait peut-être intéressant de fouiller[2].

Tous les retranchements renferment, outre les ouvrages de défense, des puits, des lacs artificiels, des *tumuli*, des champs qui paraissent avoir été cultivés, des buttes destinées à l'observation de la campagne.

À 900 milles français à l'ouest de Montréal, dans un endroit que les Européens n'avaient point encore vu, M. de Vérandrière découvrit, dans les bois et dans une plaine, de grands piliers de pierre d'un seul bloc élevés de main d'homme. Dans un autre endroit, qui ne fournissait pas de pierres, il trouva des blocs semblables placés les uns sur les autres comme pour former une muraille. Dans l'un d'eux il recueillit une petite pierre, longue d'un pied et large de quatre à cinq pouces, couverte sur deux de ses faces de signes inconnus que des Jésuites prirent pour des caractères tatares. Cette pierre fut envoyée au ministre Maurepas qui la perdit[3].

Les *tumuli* forment la partie la plus curieuse de ces constructions.

Leur régularité et leurs prodigieuses dimensions prouvent qu'ils sont l'œuvre d'un peuple puissant dominé par une aristocratie religieuse ou militaire. Un peuple chasseur est trop pauvre, un peuple guerrier trop fier pour consacrer des milliers de bras et des années à l'érection de monuments improductifs. Les pyramides des bords du Nil furent construites par les esclaves juifs ; les serfs gaulois ont élevé nos merveilleuses cathédrales ; les monuments de la vallée du Mississipi ne peuvent être l'œuvre que de races vaincues.

Les *tumuli* sont en formes de pyramides ou de cônes tronqués, et souvent de dimensions colossales. Celui de Saint-Louis, sur le Cahokia, mesure 730 mètres de circonférence et 30 de hauteur. Ces dimensions sont celles de la fameuse pyramide qui fut l'orgueil d'Asychis et le supplice de plusieurs générations[4].

Leur vue provoque l'admiration ; elle doit aussi provoquer le respect, car, dans leurs vastes flancs, ils renferment les cendres et peut-être aussi le secret du peuple qui les éleva.

On en a fouillé plusieurs. Ils contenaient des ossements humains en plus ou moins grande quantité, divers objets en pierre, en métal, des pièces d'argent, des pointes de flèches en cuivre, un sabre de facture inconnue. Les musées de New-York et de Boston ont recueilli beaucoup de ces objets, mais les antiquaires ne peuvent encore en déterminer l'origine.

Dans quelques-uns on a trouvé des cendres et des os humains calcinés, preuve que le peuple auteur de ces monuments pratiquait parfois l'incinération des morts. Dans d'autres *tumuli* on a découvert des os dont le gisement indiquait que les morts avaient été placés sur un lit de pierres et couverts d'autres pierres qui les séparaient de la masse du tertre.

Squier a remarqué que les monuments de la vallée du Mississipi croissent en grandeur et en perfection à mesure qu'on se rapproche du golfe du Mexique, et qu'ils paraissent empreints du même caractère religieux que ceux de l'Amérique-Centrale[5]. Ce point est d'autant plus important à noter que beaucoup des anciennes populations mexicaines font venir leurs ancêtres de l'orient, par la région des longues nuits, des glaces et des tempêtes de neige[6] ; que dans la plaine de Teotihuacan, à sept lieues de Mexico, et dans une grande partie des provinces guatémaltèques on trouve de nombreux *tumuli* tout-à-fait pareils à ceux des États-Unis. Les environs de Rabinal, dans la Vera-Paz, en renferment de fort remarquables, de même caractère et composés des mêmes matériaux que ceux de la vallée du Mississipi. M. Brasseur de Bourbourg observe qu'ils sont généralement situés dans le voisinage d'anciennes villes indiennes, et que la situation de ces villes rappelle les enceintes fortifiées de l'Amérique du Nord[7]. Dans l'Amérique du Nord, ce sont au contraire des villes modernes qui s'élèvent sur l'emplacement ou dans le voisinage des anciens camps retranchés.

De la rivière Saint-Jean à la pointe méridionale de la Floride, on trouve beaucoup de constructions analogues, empreintes d'un caractère militaire et religieux qui rappelle les pyramides mexicaines.

Elles se terminent par des terrasses carrées qui paraissent avoir porté des forteresses pour défendre ou contenir la ville, et des autels pour les sacrifices humains. De vastes avenues conduisent de ces pyramides à des lacs artificiels. On ne peut s'empêcher de reconnaître dans les anciennes constructions floridiennes des édifices publics et des monuments de magnificence destinés à perpétuer le souvenir et la grandeur de la nation qui habitait originairement ce pays[8].

On rencontre beaucoup de monuments du même genre dans le nord de l'Europe.

En Danemark, les guerriers morts en combattant étaient ensevelis, — avec des armes, de l'or, de l'argent, des objets précieux, — sous des tertres d'une grande hauteur appelés *Valcaster*.

D'après Olaus Wormius, les anciens danois brûlaient les corps, en recueillaient les cendres dans des urnes et les déposaient au milieu d'un cercle de pierres qu'ils couvraient d'une grande pierre, puis d'un monticule gazonné[9].

Les *tumuli* irlandais, qui existent encore en grand nombre, sont en forme de cône tronqué, mesurent de 12 à 15 mètres de hauteur et de 12 à 21 de diamètre au sommet. Ils sont en sable mêlé de pierres et recouverts d'une couche de terre végétale suffisante à la production d'une belle pelouse.

En Irlande, comme en Amérique, on rencontre des *tumuli* qui forment, à mi-hauteur, des terrasses circulaires qui les font ressembler à deux *tumuli* superposés l'un sur l'autre. Les *tumuli* irlandais portent le nom caractéristique de *Danish Mounts* (monts danois).

On trouve aussi en Irlande des camps retranchés identiquement pareils à ceux de la vallée du Mississipi. Ils sont en si grand nombre dans le comté de Down qu'on peut, dans un espace de plusieurs milles, comme dans certaines parties de l'Amérique, se voir et s'entendre de l'un à l'autre. Les uns sont de peu d'étendue, les autres ont de 15 à 20 acres ; ils n'ont ici qu'un fossé, là, deux ou trois. L'aire en est parfois concave ; beaucoup ont à leur centre, comme aux États-Unis, un monticule très-élevé qui domine tous les ouvrages inférieurs[10].

En résumé, les *Danish Mounts* et les camps retranchés du Danemark et de l'Irlande sont parfaitement semblables à ceux que l'on trouve en Amérique sur toute la longueur de la route qu'auraient dû suivre les Normands pour aller dans l'Amérique du Sud.

Des découvertes récentes prouvent que les fils d'Odin ont, en effet, parcouru ces contrées.

M. Hégéwisch, professeur à l'université de Kiel, a offert au musée de la Société royale des Antiquaires du Nord quelques éclats d'obsidienne et un morceau de cette même pierre qui servit d'instrument de percussion. Ces objets provenaient du Mexique, où ils sont en abondance. Ils ressemblent de la manière la plus frappante à ceux de même nature trouvés dans les *tumuli* du nord de l'Europe. Les pointes de flèche en obsidienne envoyées à Copenhague sont trilatérales et de même facture que celles trouvées dans les tombes de la Norvège et du Danemark[11].

Un peu avant le précieux envoi du professeur Hégéwisch, le docteur Lund, de Lagoa Santa du Brésil, fit savoir à la même société que l'on avait depuis longtemps découvert, dans la province de Bahia, une grande ville abandonnée, de construction très-ancienne, dont les édifices étaient en pierre de taille. Le docteur Schuck a pensé, d'après l'*Instituto historico Brazileiro,* que cette ville devait être attribuée au séjour des Normands au Brésil. Ses convictions furent surtout déterminées par les inscriptions recueillies dans les ruines et par la découverte d'une statue qui, montée sur une colonne et le bras droit étendu, montre de l'index le pôle du Nord[12].

Les Normands étaient habiles navigateurs ; on sait, par la précision de l'orientation de leurs monuments qu'ils connaissaient le pôle vrai ; ils aimaient les régions boréales et portaient avec orgueil le nom d'hommes du Nord : à défaut des inscriptions et des reliques nombreuses recueillies au Mexique et au Brésil, cette statue, qui montre du doigt une patrie lointaine, suffirait à prouver le séjour d'une population scandinave dans la province de Bahia.

Outre les monuments observés par Squieret M. Brasseur de Bourbourg, monuments dont l'origine ne laisse plus, ce semble, aucun doute, on a trouvé, dans les *anciens manuscrits du Mexique*, la preuve que, longtemps avant Colomb, plusieurs parties de l'Amérique furent habitées par une population blanche qui pratiquait le christianisme. D'après un manuscrit original du même pays, dit le savant Aubin, de Mexico, le voyage de l'évêque Erik au Vinland coïnciderait avec celui de Xoloth au Mexique, où il amena les Chichimèques, fondateurs du royaume de Tercoran[13].

Le courant méridional du *Gulf Stream* a pu porter au Brésil quelques-uns des navires qui pirataient sur les côtes de l'Espagne et de l'Afrique ; mais les équipages de ces navires n'ont jamais été assez nombreux pour fonder une ville. C'est donc par la vallée du Mississipi et la région isthmique que les Normands vinrent dansla province de Bahia, comme l'indiquent les monuments qui portent leur empreinte. Et tandis que de nombreuses tribus allaient ainsi, de station en station, des froides régions du nord aux contrées aimées du soleil, les colonies groenlandaises résistaient courageusement à la peste, au monopole, aux Skrellings, aux pirates. En 1537, c'est-à-dire 45 ans après la découverte des Antilles par Colomb, elles avaient encore une certaine importance et conservaient quelques rapports avec l'Europe. C'est du moins ce que l'on doit inférer de la présence d'un évêque au milieu d'elles. Pour que ce fait important ne laisse aucun doute, voici la liste des prélats qui occupèrent successivement le siège épiscopal de Gardar :

- 1121. Eiricus.
- 1124. Arnaldus.
- 1150. Jon Knutus, aliis Kutus, mort en Groenland en 1187.
- 1188. Jon II.
- 1212. Helgius, mort en 1230.
- 1234. Nicolaus, mort en Groenland en 1240.
- 1246. Olafus.
- 1288. Theodorus, mort en Groenland en 1314.
- 1314. Arnius, venu en Groenland en 1315.
- 1343. Jon Calvus, nommé du vivant d'Arnius dont on ignorait le sort.
- 1376. Alfus, mort en 1378.
- 1389. Henricus, dont le sceau a été retrouvé et publié par la Société royale des Antiquaires du Nord.
- 1406. Andréas, envoyé de Norvége pour remplacer Henricus, s'il était mort[14].
- 1417. Jacobus. Son sceau retrouvé et publié par la Société royale des Antiquaires du Nord

	porte en légende : *S. Jacobi de gra. epi. garden..*
1433.	Un évêque, dont on ignore le nom, a été désigné pour le Groenland par le pape Eugène IV[15].
1448.	Lettre de Nicolas V aux évêques de Skalholt et Holum[16].
1450.	Gregorius. Son sceau a été retrouvé et publié par la Société royale des Antiquaires du Nord.
1487.	Jacobus. Son sceau retrouvé et publié par la même Société porte en légende : *Secretù. iacobi. epi. gadensis,* c'est-à-dire : *Episcopi Gardensis.*
1537.	Vincentius, dont le sceau a été retrouvé et publié par la même société[17].

On voit par la simple inspection de cette liste que les rapports du Groenland avec l'Europe devinrent de moins en moins fréquents ; ils suffisaient néanmoins pour conserver à Rome et dans les pays scandinaves le souvenir de cette lointaine contrée. L'Islande, qui voyait passer ces évêques, qui conservait dans les sagas le récit des découvertes faites par la famille d'Erik le Rouge et Thorfinn Karlsefn, ne pouvait l'oublier. Les groenlandais se rappelaient encore, bien certainement, les grandes terres de l'ouest où tant de leurs enfants, avides de richesses et d'aventures, avaient fondé de nombreuses colonies.

FIN.

1. ↑ CARVER, *Travels through the interior parts of north America, in the years 1700, 1707 and 1708* ; London, in-8°, p. 177.
2. ↑ *Mémoires de la Société royale des Antiquaires du Nord*, 1840-1843, pp. 8, 9.
3. ↑ WARDEN, Recherches sur les Antiquités de l'Amérique septentrionale ; Paris, Everat, 1827, *passim* (Extrait du 2e volume des *Mémoires de la Société de Géographie de Paris*).
4. ↑ Cette pyramide est en briques et surpasse en grandeur celles des prédécesseurs d'Asychis. Elle porte cette inscription relevée par Hérodote et traduite ainsi par Du Ryer : « Ne me compare point avec les autres pyramides, que ie surpasse autant que Jupiter les autres dieux ; car ie n'ay esté bastie que du limon qu'on a tiré du fond du lac avec une sonde, et que y ayant esté ramassé a este converty en briques, qui ont servy à m'eslever a la hauteur ou l'on me void. » (HÉRODOTE, liv. II, p. 157, trad. Du Ryer, Paris, 1645).
5. ↑ SQUIER, *Monuments of the Mississipi valley*, published by the Smithsonian Institute, Washington (cité par M. Brasseur de Bourbourg).
6. ↑ *Papol Vuh*, trad. de M. Brasseur de Bourbourg, pp. 215-239.
7. ↑ M. l'abbé Brasseur de Bourbourg, *Histoire des nations civilisées du Mexique et de l'Amérique-Centrale, durant les siècles antérieurs à Christophe Colomb, écrite sur des documents originaux et entièrement inédits, puisés aux anciennes archives des indigènes*. Paris, A. Bertrand, 1857, t. I, p. 13, note I.
8. ↑ W. BARTRAM, *Travels through North and south Carolina, Georgia, east and west Florida, the Cherokee country, etc.*, part IX, chap. 6. London 1792.
9. ↑ OLAH WORMII *Monum. Danic.*, lib, I, p. 41, cité par Warden.
10. ↑ STEPHENSON'S *Historical essay on the parish and congregation of Temple-Patrick*. Belfast, 1825, pp. 7, 8. — GERARD BOATE'S *History of Ireland, pars III, containing a discourse concerning the Danish Mounts, forts and towers in Ireland,* by Thomas Molincux ; Dublin, 1755, p. 208. — Warden, *op. cit.*, pp. 127, 129 et passim.
11. ↑ *Société royale des Antiquaires du Nord*, 1844. pp. 178-179.

12. ↑ *Société royale des Antiquaires du Nord*, 1840-1843, pp. 20, 27 ; 1844, p. 180.
13. ↑ Lettre de M. Aubin, du 19 juin 1839, publiée dans les Mémoires de la Société royale des Antiquaires du Nord, 1840-1843, pp. 9-12.
14. ↑ Cette liste est empruntée à Th. Torfœus, *Historia Gronlandia*, pp. 241-256.
15. ↑ HUMBOLDT, Essai critique, t. II, p. 104 ; Cosmos, t. II, p. 546, note 29.
16. ↑ Nous n'avons pu nous procurer le texte de cette importante lettre, découverte par Paul Egedes Efterretninger, dans les archives du Vatican. En voici l'extrait dont Beamish donne la traduction dans *The discovery of america by the Northmen, in the tenth century, etc.* London, 1841, pp. 152-154.

« With reference to my beloved children, who are natives of and dwell in the great island of Greenland, which is said to lie on the extreraest boundaries of the ocean, northwards of the kingdom of Norway, and in the district of Throndjem, have their pitiful complaints greatly moved my car, and awakened our sympathy, seeing that the inhabitants, for almost six hundred years, have held the Christian faith, which, by the teaching of their first instructor, King Olaf, was established amongst them, firm and immoveable under the Roman See, and the Apostolic forms ; and seeing that, in after years, from the constant and ardent zeal of the inhabitants of the said island, many sacred buildings, and a handsome cathedral, have been erected in this island, in which the service of God was diligently performed, until heathen foreigners from the neighbouring wast, thirty years since, came with a Heet against them, and fell with fury upon all the people who dwelt there, and laid waste the land itself and the holy buildings with fire and sword, without leaving upon the island Greenland, other than the few people who are said to lie far off, and which they, by reason of high mountains, could not reach, and took off the much to be commiserated inhabitants of both sexes, particularly those whom they looked upon as convenient and strong enough for the constant burden of slavery, and took home with them those against whom they could best direct their barbarity. But now since the same complaint further saith that many, in the course of time, have come back from said captivity, and after having, here and there, rebuilt the devastated places, now wish to have the worship of their God again established, and set upon the former footing ; and since they, in consequence of the before named pressing calamity, wanting the necessary means themselves, have hitherto not had te power to support their priesthood and superiors, therefore, during all that period of thirty years, have been in want of the consolations of the Bishops and the services of the Priests, except when some one through desire of the service of God, bas been willing to undertake tedious and toilsome journeys to the people whom the fury of the barbarians has spared, — Seeing that we bave a complete knowledge of all these things, so do we now charge and direct ye brethren, who, we are informed, are the nearest Bishops to the said island, that ye, after previously conferring with the chief Bishop of the Diocese, if the distance of the place allows of it, to nominate and send them a fit and proper man as Bishop ».

17. ↑ *Société royale des Antiquaires du Nord*, 1845-1849. p. 432 et tab. I, fig. 1-6.

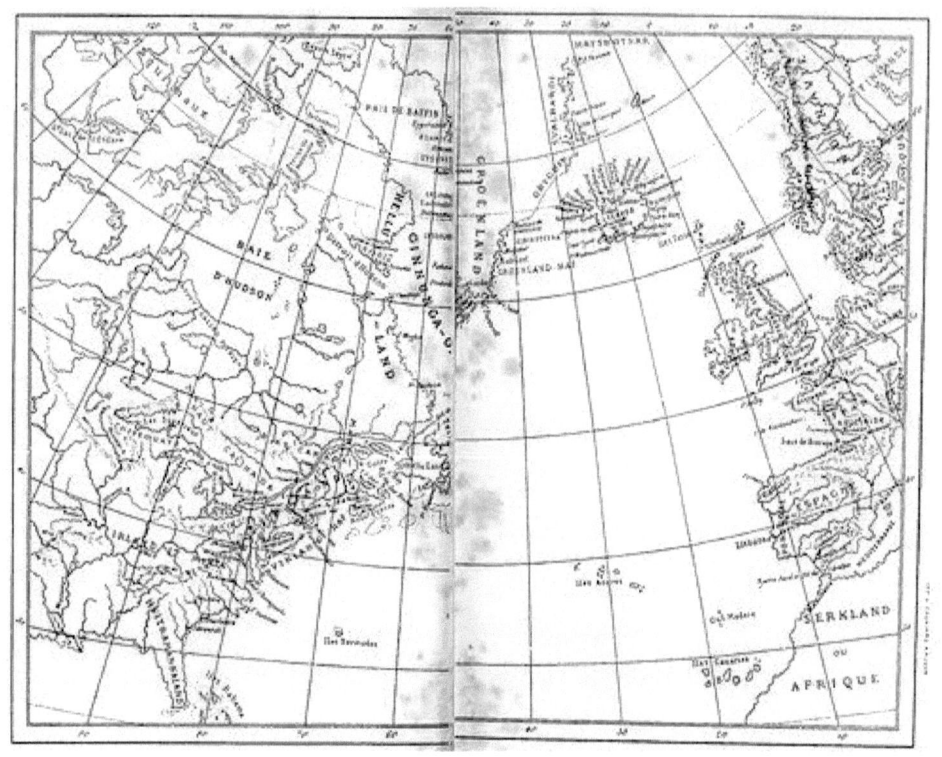

Carte générale des découvertes faites par les Normands dans les régions arctiques de l'Amérique, du Xe au XIVe siècle, d'après la carte publiée par C.-C. RAFN dans les *Antiquitates Americanæ*

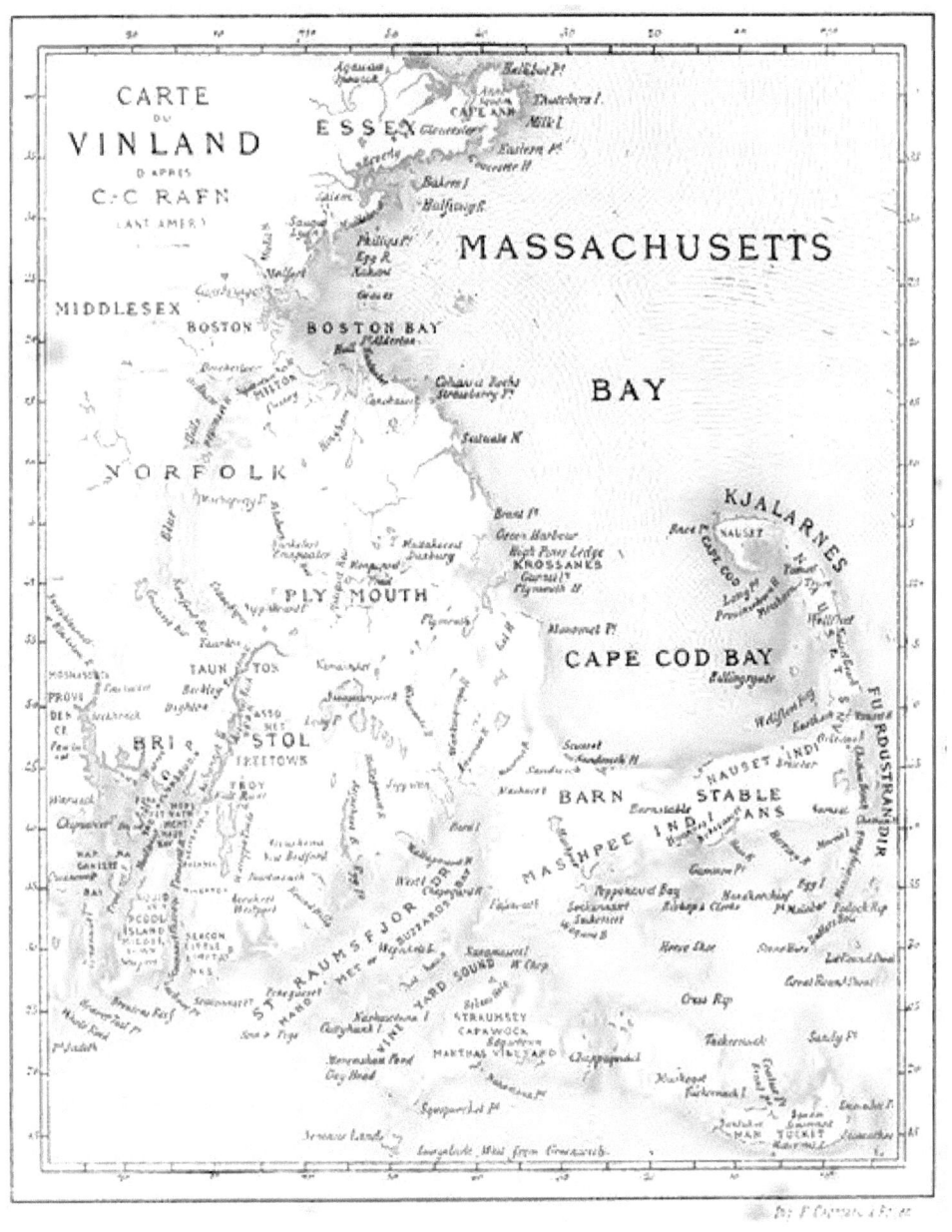

Carte du VINLAND d'après C.-C. Rafn

INSCRIPTION DU DIGHTON WRITING ROCK, d'après un dessin par C. RAFN

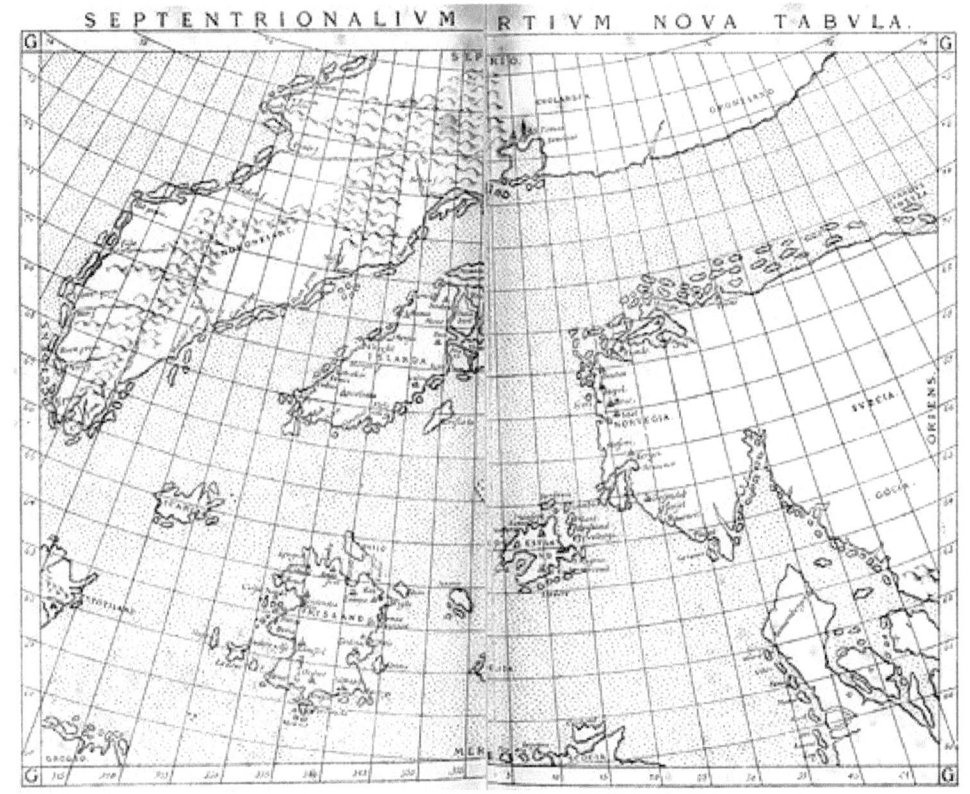

SEPTENTRIONALIVM PARTIVM NOVA TABVLA